INOUE Yasushi

Asunaro

Roman traduit du japonais
par Geneviève Momber-Sieffert

Éditions
Philippe Picquier

DU MÊME AUTEUR
AUX ÉDITIONS PHILIPPE PICQUIER

Le Château de Yodo

La Favorite

Lou-lan

Le Loup bleu

La Mort, l'amour et les vagues

Nuages garance

Vent et vagues

Titre original : *Asunaro monogatari*

Mas de Vert
BP 150
13631 Arles cedex

En couverture : D. R.

Conception graphique : Picquier & Protière

ISBN : 2-87730-392-6
ISSN : 1251-6007

Préface

Bien que la vocation de l'écrivain Inoue Yasushi, né en 1907, ne se soit affirmée que tardivement, vers sa quarantième année, ce romancier compte aujourd'hui parmi les plus prolixes et les plus populaires du Japon d'après-guerre. Après s'être d'abord essayé à la poésie, il n'a pas hésité à aborder les genres les plus divers et a multiplié essais, nouvelles et romans. Ses œuvres les plus appréciées du public japonais sont probablement ses romans historiques, *Le Loup bleu* (1960), *La Favorite, La Tuile de Tenpyô* (1957) et *Les Chemins du désert* (1958), mais la plupart des lecteurs de ce pays connaissent aussi au moins une de ses œuvres autobiographiques, qu'ils ont généralement lue dans leur jeunesse. Les romans historiques d'Inoue Yasushi ont déjà été présentés aux lecteurs étrangers, ainsi que certaines de ses nouvelles, comme *Le Fusil de chasse* (1949). Par contre, *Histoire de ma mère* (1967-1974) était le seul récit autobiographique à avoir été traduit en français, jusqu'à la publication en 1991 de *Shirobamba*.

Inoue Yasushi a publié ce roman pour la première fois en 1953 dans la revue *All Yomiuri*, sous forme de feuilleton. Ce mode de publication est encore de nos jours très fréquent au Japon. De l'avis même de l'auteur, c'est une œuvre de jeunesse, écrite pour un large public et dans un style relativement simple. Bien longtemps avant de commencer à écrire *Asunaro*, Inoue Yasushi a joué avec l'idée d'utiliser l'histoire populaire de l'arbre dit *asunaro*. Il s'agit en fait du *thujosis dolatra*, un arbre peu connu dans nos régions, mais cultivé au Japon depuis de nombreuses années. Selon la tradition populaire japonaise, l'*asunaro* est un arbre qui se dit tous les jours : *Asuwa hinoki ni naro*, « demain je serai un cèdre. » Dans sa jeunesse, Inoue Yasushi s'était apitoyé sur le sort de cet arbre qui ne connaît pas les joies de la réussite en dépit de ses efforts, mais plus tard, après avoir constaté que la plupart des êtres humains sont et demeurent des *asunaro*, il considéra cette histoire sous un jour plus optimiste, et alla même jusqu'à imaginer que, s'il l'avait racontée à Jean Cocteau, celui-ci lui aurait dit qu'« être un *asunaro* et en souffrir est peut-être une des plus belles choses que porte en lui l'être humain ».

A quarante-cinq ans, Inoue Yasushi vient d'abandonner définitivement le journalisme pour la littérature, et au moment de s'engager dans sa nouvelle voie, il éprouve le besoin de revenir sur les premières années de sa vie. Il crée alors un personnage qu'il fait vivre dans les lieux qui ont enchanté sa propre enfance et auquel il prête nombre de ses expériences personnelles. Bien que ce jeune héros grandisse et atteigne l'âge adulte pendant l'une des périodes les plus troublées du Japon moderne, l'accent est délibérément mis sur les aventures du personnage principal et sur la recherche à laquelle il se livre de son identité. Kaji Ayuta est une sorte d'antihéros en ce sens qu'il n'a pas une vision particulièrement claire ni une interprétation personnelle,

« intellectuelle », des événements dont il est témoin. Les jeunes lecteurs japonais des années cinquante pouvaient dès l'abord s'identifier à ce jeune homme qui avait les mêmes rêves, les mêmes espoirs, et qui avait rencontré les mêmes difficultés qu'eux-mêmes ; puis, lorsqu'il devenait clair, au cours du récit, qu'il ne s'agissait pas seulement de la vie d'un *asunaro* mais de plusieurs, ces lecteurs pouvaient se consoler de ne pas être les seuls à déplorer leurs insuffisances ; ils se sentaient encouragés à persévérer dans leurs efforts, d'autant plus qu'on leur donnait en exemple des personnages ayant le désir et la force de survivre sans désespérer aux horreurs de la guerre et aux humiliations de la défaite. Inoue Yasushi nous a, à ce propos, fait remarquer qu'il lui serait difficile, aujourd'hui, à l'ère atomique, de conclure un roman sur une note aussi optimiste.

Cette œuvre au caractère quelque peu didactique n'appartient ni à la catégorie de textes assombris par l'évocation des atrocités de la guerre, ni à la littérature franchement populaire. Sa popularité tient probablement au fait qu'elle a su émouvoir le lecteur en l'entretenant de ce qui le touchait de plus près, de ses propres racines. Car, dans ce récit où chaque scène importante se présente comme un tableau où l'élément poétique se mêle au romanesque, plutôt que comme le développement d'une analyse psychologique minutieuse, et bien que l'auteur insiste beaucoup sur le fait qu'*Asunaro* soit avant tout une œuvre de fiction, il nous semble possible d'affirmer qu'on nous parle bien du jeune homme que fut Inoue Yasushi.

Tous ceux qui connaissent déjà quelques œuvres de cet écrivain s'apercevront, en effet, que la philosophie de l'artiste confirmé se trouve déjà tout entière dans *Asunaro* : toutes les occupations humaines sont sans espoir, mais c'est dans ce monde qu'il faut vivre et s'affirmer, même si l'on est de ceux qui ne peuvent prétendre s'élever au rang des plus grands. Les femmes, qui sont chez Inoue étonnamment libres, fortes et indépendantes, encouragent et inspirent celui qui n'a pas encore trouvé sa voie, et la nature console celui que la conscience de la solitude humaine écrase trop lourdement.

Nous espérons que le lecteur français saura goûter cette œuvre délicate, écrite d'une plume légère, car il répondrait ainsi au plaisir qu'Inoue Yasushi goûta jadis à se jouer de ceux qui chassent le « détail vrai », en leur en offrant à profusion, sans pourtant se découvrir entièrement. Ajoutons qu'il serait vain de chercher la moindre trace d'exotisme dans cette histoire de la vie d'un jeune bourgeois japonais de la première moitié de notre siècle.

1

Dans la neige profonde

Ayuta venait d'avoir treize ans lorsque Saeko, une jeune fille de dix-neuf ans, vint s'installer un jour de printemps dans la resserre [1] où l'enfant avait vécu seul jusque-là avec sa grand-mère O.Ryô.

Ayuta avait souvent entendu la vieille femme prononcer le nom de Saeko, mais c'était la première fois qu'il voyait la jeune fille.

Il eut alors le sentiment qu'un être néfaste venait troubler le cours tranquille de leur vie. Etait-ce dû à l'impression que lui avait faite Saeko lors de leur première rencontre ? Ou était-ce dû aux rumeurs qui couraient dans le village au sujet de la jeune fille, bruits qui lui étaient finalement parvenus ? Il n'aurait su le dire. Peut-être était-ce les deux à la fois.

En rentrant de l'école ce jour-là, Ayuta aperçut une petite fille sur le sentier de rizière, de l'autre côté du petit ruisseau qui longeait sa maison en surplomb.

---

1. La resserre est un petit bâtiment à un étage, conçu comme un coffre-fort : murs très épais, une seule porte, une seule fenêtre à barreaux à l'étage. Les trésors familiaux y sont rangés à l'abri du feu et des voleurs. Inoue lui-même a passé les premières années de sa vie dans un *dozô* avec celle qu'il appelait sa grand-mère.

Elle jouait de l'harmonica, les coudes écartés. Elle n'était plus vraiment une petite fille d'ailleurs ; elle était beaucoup plus âgée qu'Ayuta.

Elle avançait, ses cheveux coupés très courts et rejetés en arrière dans le vent printanier glacial. Elle portait une ceinture de soie jaune avec un gros nœud dans le dos. Cette fille, que le petit garçon n'avait encore jamais vue au village, produisit aussitôt sur lui une vive impression.

Pour éviter de se trouver face à cette fille beaucoup plus grande que lui, Ayuta, qui se trouvait sur le même sentier, traversa le ruisseau et sauta directement dans la cour de la maison voisine de la resserre. Mais la cour se trouvant en contrebas, la jeune fille disparut de son champ de vision. Ayuta posa par terre le carré de tissu qui contenait ses livres de classe et grimpa dans le plaqueminier de la cour : la jeune fille jouait toujours de l'harmonica dans le chemin, le long des rizières en terrasses.

Tandis qu'il l'observait, elle se rapprocha peu à peu de lui. Soudain, elle aperçut l'enfant perché sur son arbre. Son regard se figea aussitôt, comme s'il avait trouvé ce qu'il cherchait. Ayuta se demandait qui pouvait être cette jeune fille.

« Peut-être est-ce Saeko », pensa-t-il soudain.

Celle qu'on appelait ainsi était une parente de la grand-mère d'Ayuta. Elle allait à l'école des filles de la petite ville qui se trouvait à l'extrémité de la péninsule d'Izu. Deux ou trois filles du village qui fréquentaient cette même école avaient déjà répandu dans le village de méchantes rumeurs à son sujet.

Ayuta imaginait cette jeune fille, que l'on appelait Saeko, plus âgée que lui et parente de sa grand-mère, particulièrement jolie. D'après la réputation qu'on lui avait faite, elle ne pouvait être que jolie.

Ayuta dégringola de l'arbre et se précipita dans la resserre. Une jeune fille aussi jolie et dévergondée (pour Ayuta, une fille qui jouait de l'harmonica était une dévergondée) ne pouvait être que Saeko.

Il grimpa l'escalier qui se trouvait à côté de la petite pièce sombre et planchéiée du rez-de-chaussée. Sa grand-mère ne se trouvait pas à l'étage, mais un cartable inconnu était posé sur le tatami, juste devant la petite fenêtre à barreaux donnant au nord. Il ne s'était pas trompé, Saeko était là !

Ayuta était tout excité. Il redescendit et se dirigea aussitôt vers le local de réunion des jeunes gens du village devant lequel se rencontraient également les plus petits.

Il y passa tout le reste de l'après-midi, se suspendant à la barre fixe ou luttant avec les autres enfants ; de temps à autre, il pensait : « Saeko est là, Saeko est là ! » Il n'en dit cependant rien aux autres.

Il rentra chez lui bien plus tard que d'habitude. Le soleil printanier avait disparu depuis longtemps de l'horizon et les lampes étaient déjà allumées dans les maisons qui bordaient la route.

Il parvint au premier étage de la resserre au moment où sa grand-mère se mettait à table avec Saeko pour le dîner.

« Alors, c'est lui, le gamin ? Plutôt mieux que je ne pensais », dit Saeko à la vieille femme lorsqu'Ayuta se présenta pour la première fois devant elle.

Le ton qu'elle avait employé était franchement hostile.

« Tu as quel âge ?

— Treize ans.

— Ah ! »

Le simple fait qu'il eût treize ans semblait lui déplaire profondément.

« Il paraît que tu es le chouchou de tout le monde ici, mais si tu crois que ce sera pareil avec Saeko, tu te trompes ! » ajouta-t-elle, les yeux sévères sous ses cheveux courts (une coiffure peu courante au village), avant de lui sourire avec une certaine douceur.

Ayuta, lui, contemplait avec ravissement celle qui lui parlait ainsi. Il ne connaissait au village aucune jeune fille qui eût un teint si pur, des yeux si grands et si lumineux, et un visage aussi rayonnant de vitalité.

La grand-mère n'avait pas remarqué le ton hostile de Saeko. Elle était un peu sourde depuis cinq ou six ans, et Ayuta devait toujours lui crier les mots dans l'oreille pour se faire entendre.

Ayuta sortit de la maison avec une bouteille vide d'un litre, comme il le faisait chaque jour, pour aller acheter une petite ration de saké pour sa grand-mère. Mais aujourd'hui, contrairement à son habitude, il était un peu maussade.

Saeko avait eu raison de dire qu'Ayuta était traité un peu différemment des autres enfants par les villageois. Ceux-ci l'appelaient « monsieur Kaji ».

Les Kaji, une famille de médecins depuis plusieurs générations, occupaient effectivement une place particulière parmi les petits villages disséminés au pied des pentes occidentales du mont Amagi.

Le père d'Ayuta, de la troisième génération de cette famille, était lui aussi médecin, mais il appartenait à l'armée de terre et passait d'un poste à l'autre depuis de nombreuses années sans avoir jamais exercé dans son village. C'était la raison pour laquelle la grande maison familiale des Kaji, devant laquelle s'élevait un vénérable chêne de plus de trois cents ans, était louée, depuis bien avant la naissance d'Ayuta, à l'administration des Eaux et Forêts. Celle-ci l'utilisait comme logement de fonction pour ses inspecteurs et leur famille, et Ayuta lui-même avait déjà vu s'y succéder trois de ces inspecteurs.

La famille Kaji n'avait conservé pour son propre usage que la resserre où vivaient Ayuta et sa grand-mère. O.Ryô avait très mauvaise réputation dans le village. Elle avait été la maîtresse de Genkyû, le chef de famille précédent. Et, après la disparition de celui-ci, elle s'était fait frauduleusement inscrire comme sa deuxième épouse sur le registre de la famille Kaji, à laquelle elle n'appartenait pas à l'origine, grâce à la complicité d'un employé de mairie.

Si les parents d'Ayuta considéraient O.Ryô comme leur belle-mère, elle n'était pour le reste de la famille qu'une ennemie qui s'était approprié leur nom.

Il était donc naturel que les villageois, au courant de cette situation, eussent une aussi mauvaise opinion d'O.Ryô.

Tout le monde estimait – et c'était sans doute ce qu'O.Ryô pensait elle-même – que la présence chez elle d'Ayuta, l'héritier des Kaji, dont les parents lui avaient demandé de s'occuper, constituait pour elle une garantie de sécurité matérielle. On affirmait que c'était la raison pour laquelle elle continuait à garder l'enfant auprès d'elle. Tout le village appelait Ayuta « le petit monsieur Kaji ». Quant à la vieille femme, ils l'appelaient, non sans une nuance de mépris ou d'hostilité et avec une obstination toute paysanne, O.Ryôsan, ou grand-mère O.Ryô.

Ayuta était très attaché à cette femme, officiellement sa grand-mère, qui l'avait pris chez elle quand il n'avait encore que six ans. Et celle-ci, de son côté, lui vouait une affection sincère que l'enfant percevait très bien, même si personne d'autre ne le comprenait.

L'argent nécessaire à leur existence leur parvenait chaque mois de ses parents à la ville. O.Ryô gérait cette somme avec la plus stricte économie. Elle parvenait ainsi à s'acheter un peu de saké et à envoyer une modeste somme d'argent à sa seule proche parente, sa sœur cadette, qui tenait un débit de boissons dans la petite ville portuaire située au bout de la péninsule. Cet argent servait à payer les frais de scolarité de Saeko, fille unique de cette sœur. Naturellement, personne n'ignorait ce fait, car O.Ryô envoyait chaque mois cet argent à la ville portuaire, à vingt-cinq kilomètres de là, de la poste du village ; et elle aggravait encore ainsi sa réputation.

Le petit Ayuta avait certes une vague idée de cet état de choses, mais il ne percevait pas clairement les raisons pour lesquelles on disait du mal de sa grand-mère dans le village.

« Pauvre petit, sacrifié et gardé en otage ! » entendait-il murmurer. Et les villageois ne se départaient pas de cette expression de compassion, d'autant plus que l'enfant vivait éloigné de ses parents.

« Au lieu de s'offrir du saké, elle ferait mieux de te cuisiner de bons petits plats ! » entendait-il aussi parfois.

Mais l'enfant n'était absolument pas mécontent de la vie qu'il menait avec sa grand-mère. Contrairement à ce que pensaient les gens, elle l'élevait avec beaucoup d'affection. Il avait, pendant de longues années, dormi dans les bras ridés de la vieille femme. Souvent, au cours du dîner, elle lui racontait les voyages qu'elle avait faits avec l'aïeul d'Ayuta à Nikkô, au mont Minoru, à Kyôto et à Ôsaka. Ayuta aimait particulièrement les yeux de sa grand-mère dans ces moments-là. Et lorsqu'elle recevait en cadeau quelque friandise, elle en donnait toujours à l'enfant, sans rien garder pour elle. Enfin, elle l'appelait toujours « mon petit, mon petit », alors qu'elle n'appelait les autres enfants que par leur prénom.

Pour Ayuta, cette femme était donc tout simplement une bonne grand-mère, et il n'avait pas le sentiment d'être un enfant sacrifié ou gardé en otage. En revanche, il n'éprouvait aucune affection réelle pour ses parents dont il était séparé. La maison où vivaient sa mère, son père, ses frères et ses sœurs, dans la ville lointaine, était simplement un endroit où il lui fallait retourner une fois par an, pendant les vacances d'été, et où le mode de vie était sévère et contraignant.

O.Ryô pouvait garder la tête haute vis-à-vis de sa propre famille parce qu'elle payait les frais de scolarité de Saeko. Pourtant – était-ce à cause des gens du village ? –, elle n'avait jamais invité la jeune fille chez elle. Mais l'été venu, après avoir confié l'enfant à une personne du village qui l'emmènerait à la ville, chez ses parents, elle partait à son tour de l'autre côté des montagnes, et se rendait en voiture attelée à la petite ville portuaire où elle était née, au bout de la péninsule. Elle y retrouvait quelques parents éloignés. Ayuta et sa grand-mère passaient donc l'été chacun de son côté, avec sa famille respective. Si Saeko ne venait jamais au village, O.Ryô voyait néanmoins son garçon manqué de nièce une fois par an.

Ayuta savait très bien que la grand-mère les affectionnait autant l'un que l'autre. Non seulement elle payait les frais de scolarité de sa nièce, mais elle faisait constamment allusion à celle-ci dans leur vie quotidienne.

Chaque fois qu'Ayuta était maltraité par un de ses camarades, on voyait arriver dans la cour de l'école la vieille femme toute courbée, pliée en deux, une main derrière le dos. A la vue de cette silhouette, à la fenêtre de sa classe, le désespoir s'emparait d'Ayuta. C'était bien la seule chose qu'il détestait chez sa grand-mère.

« Alors, c'est le fils à qui, celui qui a embêté le petit ? Et toi, hein, t'as beau être le maître ici, j'veux pas l'savoir, c'est ta faute, sale étranger ! » s'égosillait la vieille femme penchée à la fenêtre, à l'adresse de l'instituteur qu'elle continuait à abreuver longuement d'injures. Et le même scénario recommençait lorsque les notes d'Ayuta baissaient, ne fût-ce que d'un point.

Si la vieille femme entendait dire du mal de Saeko, elle se mettait en mouvement de la même manière, sans s'inquiéter de la longueur du chemin.

« T'as seulement jamais vu ma nièce, et tu restes là à gober les boniments d'une malpropre ! »

Dans ces moments-là, Ayuta s'écartait de sa grand-mère et attendait que finisse ce torrent d'injures, le cœur envahi par une profonde solitude. L'adversaire était presque toujours un paysan, et le profil de la vieille femme debout dans le *doma* [1], éclairé par la lueur du foyer, paraissait d'une laideur insupportable à l'enfant.

Mais à chaque fois s'imposait à lui, par réaction peut-être, l'image étonnamment belle de la jeune inconnue plus âgée que lui dont il était question dans la discussion.

Ayuta pensait que Saeko disparaîtrait de son univers aussi vite qu'elle y était apparue, mais il n'était pas certain de le désirer réellement.

---

1. *Doma* : partie non planchéiée d'une maison.

Car s'il craignait que cette intruse nommée Saeko ne vînt troubler le cours tranquille de la vie qu'il menait avec sa grand-mère dans la resserre, il craignait tout autant de perdre cet être qui avait surgi dans leur existence comme un magnifique papillon de nuit multicolore.

Le ton brutal sur lequel Saeko s'était adressée à Ayuta lors de leur première rencontre était dû à la mauvaise opinion qu'elle avait de la famille Kaji. Elle était convaincue que sa tante était victime de la famille du garçonnet. Elle semblait profondément révoltée par la situation humiliante dans laquelle tous les siens vivaient depuis de longues années.

« Ta pauvre grand-mère, toute sa vie réduite à l'état de concubine ! Tu ne trouves pas qu'elle est à plaindre ? Et maintenant qu'elle est vieille, la voilà reléguée dans ce sombre réduit ! Dis-le un peu, pour voir : “Pauvre grand-mère !” Tu peux le dire, non ? » lança-t-elle un soir à Ayuta de sa couche, la tête tournée vers lui.

Ayuta fut le premier surpris en s'entendant répéter docilement : « Pauvre grand-mère ! » Et Saeko ajouta :

« De toute façon, la famille de ta grand-mère vaut bien la tienne, alors je ne te conseille pas de faire le fier avec moi !

— Mais j'ai jamais fait le fier, moi !

— Bon, alors, ça va… Et puis, je ne veux pas que tu m'appelles Saeko. Il faut me dire Sœur Aînée.

— Grande Sœur ?

— Non, Sœur Aînée. »

Mais c'était bien la seule chose qu'elle ne pouvait exiger d'Ayuta. Pourtant, le cœur du jeune garçon se gonflait d'orgueil à l'idée qu'il pourrait l'appeler ainsi, un jour de fête où tous deux se promèneraient, parés de beaux habits comme il sied à des enfants de bonne famille.

Ayuta comprit une dizaine de jours plus tard que Saeko ne repartirait pas de sitôt. Le bruit s'était en effet répandu dans le village que la jeune fille ne pouvait plus rester dans son pays. Elle avait été expulsée de son école pour un an, après avoir volé un stylo et une montre à un élève plus jeune. C'étaient évidemment des filles de l'école de Saeko, qui revenaient au village le dimanche, qui avaient répandu ces commérages.

« Il n'y a que la vieille O.Ryô à ne pas être au courant », entendit plusieurs fois Ayuta.

Mais l'enfant, qui ne pouvait croire à une telle noirceur de la part de Saeko, n'en fit que détester davantage la fille du postier et celle du marchand de raifort, toutes deux à l'origine de ces racontars.

Saeko était chez Ayuta depuis deux mois quand elle entraîna un soir le garçon dans un petit bois de bambous qui se trouvait au fond du jardin.

« Tu connais la nouvelle chambre du fond, à l'hôtel Izuya, qui donne sur la rivière ?

— Oui, je la connais, c'est la chambre aux vitres bleues, non ? »

L'hôtel Izuya était l'un des deux établissements de la station thermale de la vallée.

« Tu saurais atteindre cette chambre sans passer par l'entrée ?

— Oui. Il faut sauter par-dessus le mur de pierre.

— Bon, et après, comment on fait ?

— Dans le jardin, on tourne derrière le cyprès, et on passe au coin de l'annexe… »

Ayuta connaissait tous les recoins du jardin de l'hôtel Izuya. Pendant l'été, les enfants du village venaient se baigner à cinquante mètres à peine en contrebas de l'hôtel. Telle une nuée de sauterelles, ils envahissaient chaque jour les environs à l'insu du personnel de l'hôtel et se faufilaient parfois dans le vaste jardin, pour réchauffer dans le grand bassin d'eau chaude leurs corps glacés par l'eau de la rivière.

« Bon, alors je vais te charger d'une mission. Reviens ici après le dîner. »

Ayuta ne pouvait imaginer ce que serait cette mission, mais le visage de Saeko, plus sérieux que d'habitude, lui plut beaucoup et une étrange excitation s'empara de lui.

Après le dîner, il se rendit près du bosquet de bambous et attendit Saeko, comme elle le lui avait demandé.

« Tu donneras cette lettre à la personne qui sera dans la chambre dont je t'ai parlé. D'accord ? » dit-elle à Ayuta, en sortant de son kimono une lettre qu'elle avait mise dans une enveloppe carrée.

Ayuta examina l'enveloppe à la lueur crépusculaire de ce mois de juin. Dans un coin était dessinée une fleur de cosmos.

« Quel genre de personne ?

— Un homme. Et je suis sûre que toi aussi tu l'aimeras quand tu le verras. »

Saeko réfléchit, puis ajouta :

« Même s'il ne veut pas la prendre, tu la lui laisses, et s'il te dit de me la rendre, il ne faut pas le faire, tu comprends ? »

« Porter une lettre à quelqu'un, se dit Ayuta, c'est très simple, mais ce que me demande Saeko est un peu difficile pour moi. » Il dut pourtant retenir ses doutes devant l'expression décidée de Saeko qui répéta en le fixant dans les yeux : « Tu as compris ? »

Cinq ou six cents mètres séparaient Ayuta de l'hôtel Izuya. Il suivit d'abord la route qui traversait le village dans sa longueur, puis, parvenu aux dernières maisons, il prit le chemin qui descendait vers la vallée.

En route, il invita deux de ses camarades qui revenaient du bain public à se joindre à lui : Yukio, qui était en troisième année, et Tomekichi, qui était en quatrième. Il chargea Tomekichi de porter la lettre de Saeko.

« Tu es un messager secret, hein ! Il ne faut rien dire à personne !

— D'accord ! »

Tomekichi glissa la lettre dans sa ceinture, les joues en feu et les yeux étincelants à l'idée d'avoir été lui aussi promu messager secret.

Yukio, lui, attacha à sa ceinture un bâton de bambou ramassé en route et partit galoper en tête. Au dernier tournant du chemin, le grondement du torrent les assaillit brusquement.

Ayuta et Tomekichi descendirent dans le lit asséché du cours d'eau et réussirent à le traverser sans se mouiller, sauf en un seul endroit où ils eurent de l'eau jusqu'aux genoux. Puis ils grimpèrent avec une agilité de geckos sur le mur de pierre haut de quatre mètres. Tandis qu'ils posaient le pied dans le jardin, Yukio, l'éclaireur, surgit de l'ombre d'un arbre.

« Y sont deux !

— Deux ? »

Ayuta était perplexe. Comment ferait-il pour reconnaître la personne à laquelle il devait remettre la lettre, s'ils étaient deux ?

Mais Yukio ajouta aussitôt : « Un monsieur et une fille », et Ayuta pensa : « Bon, si c'est une fille, pas de problème. Il n'y a qu'à donner la lettre au monsieur. »

Ayuta décida de laisser son escorte en faction et de continuer seul. Mais quand il voulut reprendre la lettre à Tomekichi, celui-ci commença à se fouiller frénétiquement, jusqu'au moment où, ayant ôté sa ceinture, il se retrouva presque nu.

« Qu'est-ce qu'il y a ?

— J'l'ai perdue ! »

Ayuta scruta deux ou trois fois le visage de Yukio ; il semblait complètement désemparé.

Les trois enfants décidèrent de retourner sur leurs pas pour chercher l'objet perdu. Si la lettre n'était pas tombée dans le torrent au moment où ils l'avaient traversé, elle devait certainement se trouver quelque part sur le chemin. Ils franchirent de nouveau le torrent puis entreprirent de remonter l'autre berge.

« Ah, c'est sûrement là-bas ! » s'écria tout à coup Tomekichi, qui s'élança vers l'endroit où il se souvenait avoir fait pipi. Une seule ampoule éclairait le chemin et, sous sa lueur, ses deux camarades le virent revenir en courant, l'enveloppe non plus dans sa ceinture, mais coincée entre les dents.

Ayuta laissa ensuite Tomekichi et Yukio rentrer chez eux. Ils n'avaient pas encore dîné et se plaignaient de mourir de faim.

Quand il pénétra pour la deuxième fois dans le jardin de l'hôtel, les bruits confus d'une fête, provenant d'une des chambres, se mêlaient joyeusement au grondement du torrent.

Se faufilant, il parvint près de la pièce à huit tatamis où se trouvaient effectivement un jeune homme et une petite fille. Il avait vaguement l'impression d'avoir déjà rencontré le jeune homme, mais il n'avait jamais vu la petite fille.

Caché dans l'ombre du buisson qui masquait les toilettes, Ayuta les observa quelque temps.

Il était arrivé jusque-là d'un seul élan, mais il hésitait maintenant à sortir de l'ombre pour s'exposer à la vive lumière du jardin. La petite fille, d'un ou deux ans plus jeune que lui, l'intimidait plus que le jeune homme à qui il devait remettre la lettre. Elle portait un joli kimono rouge et, nonchalamment allongée sur le ventre, les jambes relevées, elle feuilletait un magazine. Cette attitude lui donnait un air très vif. Elle quittait parfois des yeux son magazine pour adresser en riant quelques mots au jeune homme qui semblait être son frère. Son joli visage reflétait cette forme d'intelligence que l'on n'observe guère que chez les petites citadines.

Ayuta resta caché là dix ou quinze minutes. Il pensa même s'en retourner sans aller plus avant, mais le souvenir du visage de Saeko l'en empêcha.

Il profita du moment où un chien traversait le jardin pour sortir de l'ombre. Les portes-fenêtres de la véranda étaient ouvertes.

« Ma grande sœur vous envoie ça ! » lança-t-il brusquement en déposant la lettre sur le plancher de la véranda.

Quand le jeune homme se leva, silencieux, Ayuta se souvint que c'était un étudiant de Tôkyô qui se rendait parfois au temple zen du village. Il avait déjà fait un séjour d'un mois à l'hôtel Izuya au printemps dernier et passait pour un grand travailleur. Le jour de son départ, les enfants, intrigués par sa casquette carrée, l'avaient poursuivi jusqu'à l'endroit où était stationnée la voiture attelée en criant : « L'étudiant, l'étudiant ! »

C'était un homme grand, aux larges épaules et à la tête rasée.

Il ramassa la lettre et la posa sur son bureau, au fond de la pièce, avant de demander :

« En quelle classe es-tu ?

— En sixième année.

— Tu vis avec ta grand-mère dans une resserre ? »

Ayuta trouvait étrange que l'autre parût le connaître.

« Assieds-toi. »

Ayuta aurait aimé s'esquiver le plus vite possible, mais, puisque l'étudiant l'y invitait, il s'assit dans la véranda. La pauvreté de sa tenue, un vêtement de coton à rayures, une ceinture de corde et des sandales de paille mouillées et souillées de sable depuis qu'il avait traversé la rivière, l'embarrassait fort.

« Nous avons des gâteaux, non ? » demanda l'étudiant à la petite fille qui apporta aussitôt deux tranches de biscuit sur une feuille de papier fin. Et, au moment de les déposer devant Ayuta, elle éclata d'un rire inexplicable. Terriblement embarrassé, celui-ci réussit à articuler :

« Je rentre ! »

Ce à quoi l'étudiant répondit en se levant :

« Bon… alors je t'accompagne ! »

Et il enfila une paire de socques pour sortir par le jardin.

La petite fille tendit à Ayuta les deux tranches de biscuit qu'elle avait habilement enveloppées dans du papier.

Ce paquet parut à Ayuta étrangement délicat et fragile. Aussi le serra-t-il dans ses doigts avec beaucoup de précaution, avant de suivre l'étudiant dans le jardin.

Cette fois, il ne lui fut pas nécessaire de franchir la rivière. Ils sortirent tous les deux par l'entrée bien éclairée et traversèrent le pont suspendu. Sur l'autre rive, le chemin longeait quelque temps le torrent.

« Dis donc, petit, si tu es en sixième année, ça veut dire que tu vas à l'école secondaire l'année prochaine ?

— Oui.

— Alors il faut bien travailler.

— …

— Les écoles de la ville sont difficiles, tu sais. Tu travailles ? »

Ayuta ne travaillait guère, mais il hocha la tête sans rien dire. Il avait soudain l'étrange impression d'être traité en adulte.

« Il faut travailler deux fois plus que les autres. Ainsi on réussit deux fois mieux que les autres. Il faut travailler le matin, avant d'aller à l'école. Et le soir, en rentrant. De cette manière, on peut entrer dans n'importe quel collège. »

L'étudiant semblait se parler à lui-même.

« C'est dur de travailler, tu sais. Il faut surmonter l'envie de s'amuser. Tu connais l'expression "maîtrise de soi" ?

— Oui.

— Ça veut dire s'asseoir à sa table en luttant contre soi-même. Et pas seulement pour l'examen d'entrée, mais pour toute la vie. »

Ayuta se sentit envahi par une sensation inconnue, entièrement nouvelle pour lui. Cela ressemblait à un courant tout à la fois très clair, très sombre, et boueux. Jamais il n'avait imaginé, même en rêve, une telle sensation, qui l'envahissait maintenant avec une assurance et une rapidité surprenantes, ne laissant plus aucun vide dans son cœur. Il en fut étrangement fasciné.

A l'endroit où le chemin commençait à grimper, s'écartant après un coude de la rivière, l'étudiant s'arrêta un instant, déchira et froissa quelque chose qu'il roula en boule et jeta dans l'eau. Ayuta comprit qu'il s'agissait de la lettre qu'il venait de lui apporter, et que l'étudiant avait d'abord posée sur son bureau. Le mouvement du bras blanc émergeant de la manche, relevée jusqu'à l'épaule, du vêtement d'été, fit une vive impression sur l'enfant.

« Bon, alors, rentre bien ! »

Ayuta inclina légèrement la tête en guise de réponse et poursuivit seul son chemin.

Il était effectivement prévu, même si c'était encore un peu vague pour Ayuta, qu'il irait l'année suivante à l'école secondaire de la grande ville, et qu'il habiterait alors chez ses parents. C'était également ce que lui disait sa grand-mère, et ce à quoi Ayuta s'attendait.

Mais la réalité un peu amère d'un examen d'entrée à passer, que l'on ne pouvait réussir qu'avec un travail assidu, ne lui apparut clairement pour la première fois que ce soir-là.

Qu'est-ce que la « maîtrise de soi » ? Que veut dire : « se vaincre soi-même » ? L'enfant ne comprenait pas bien le sens de ces paroles, et c'était la première fois qu'il se sentait aussi attiré par de telles expressions.

L'obscurité qui enveloppait Ayuta tandis qu'il descendait le chemin lui sembla d'une qualité différente ce soir-là.

De retour chez lui, il trouva Saeko qui l'attendait dans le verger de pruniers proche de la resserre.

« Alors, tu lui as donné la lettre ? lui demanda-t-elle.

— Oui.

— Qu'est-ce qu'il t'a dit ?

— Il n'a rien dit. »

A ces mots, Saeko se tut un instant, l'air interloqué, avant d'ajouter :

« Ayuta, qu'est-ce que tu penses de lui ?

— Moi, je l'aime beaucoup ! répondit vivement Ayuta, mais dans un sens tout à fait différent de celui où l'entendait Saeko.

— Même si tu l'aimes beaucoup, moi, je l'aime encore plus ! »

Avec un étrange rire cristallin, Saeko étreignit brusquement Ayuta.

« Non ! »

Ayuta se débattit, mais la pression des bras de Saeko, d'une force étonnante, lui était agréable : il avait la sensation qu'elle pénétrait à l'intérieur de son corps. Saeko le maintenait obstinément serré contre elle, et finit par éclater d'un rire saccadé. Elle pressait ses lèvres contre les joues de l'enfant.

Ayuta repoussa Saeko et glissa la main dans son vêtement : le petit paquet de biscuit avait perdu sa forme et s'était aplati. Il en fut désolé pour la petite fille qui le lui avait préparé.

« Qu'est-ce que c'est ?

— On m'a donné du gâteau.

— M. Kajima ? »

Kajima semblait être le nom de l'étudiant.

« Donne-m'en la moitié !

— Non ! »

« Donner ça, jamais ! » se dit Ayuta. Et laissant Saeko, de mauvaise humeur, il se dirigea vers un petit escalier de quatre ou cinq marches qui se trouvait devant la resserre.

« Tu n'es pas gentil, mon petit Ayuta. »

Saeko était à nouveau devant lui.

« Allez, donne ! lui lança-t-elle d'un ton acerbe. Si je te dis de me le donner, tu dois me le donner ! De toute façon, c'est à moi qu'il l'a donné. Et je t'en laisserai la moitié. »

Ayuta, maussade, se tenait sans mot dire devant elle. Il la détestait violemment. Mais Saeko réussit à lui prendre le petit paquet.

« Regarde ! Est-ce qu'il n'y en a pas deux ? Allez ! Un chacun ! »

Après avoir déposé une tranche de gâteau dans la main d'Ayuta, elle enveloppa à nouveau soigneusement l'autre tranche et rentra dans la maison.

Il fut impossible à Ayuta de s'endormir ce soir-là. Le visage de l'étudiant et celui de la petite fille penchée sur le biscuit qu'elle était en train d'envelopper passaient et repassaient devant ses yeux. Et il continuait à éprouver dans ses bras et dans ses épaules l'émotion aussi étrange qu'agréable qui l'avait envahi lorsque Saeko l'avait pressé contre elle.

Il entendit une souris trotter le long de son oreiller. Il alluma. Il pensa travailler puisqu'il ne pouvait pas dormir.

« Ah non, éteins tout de suite ! »

Saeko ne dormait pas non plus, semblait-il. A côté de son oreiller était posé, bien soigneusement, le paquet de biscuit. Ayuta éteignit la lumière.

« Il a lu ma lettre tout de suite ?

— Hum… »

Ayuta ne pouvait se résoudre à lui dire que Kajima l'avait déchirée. Non, il ne devait pas le lui dire. Qui cherchait-il à protéger ainsi, Saeko ou Kajima, il n'aurait su le dire.

Dès le lendemain, Ayuta se leva tous les jours à six heures, préparant ainsi, jusqu'à l'heure du départ pour l'école, son examen d'entrée à l'école secondaire. Mais il ne savait pas très bien comment travailler. Il n'avait que ses livres de classe comme outils de travail, aussi se contentait-il d'étudier le contenu de ceux-ci.

Quand sa grand-mère le vit se lever si tôt pour travailler, elle commença à s'en vanter inconsidérément dans tout le village.

« C'est bien le sang des Kaji, cet enfant. Tous les jours, il est déjà debout pour travailler quand nous dormons encore, nous autres ! »

Quant à Saeko, elle eut visiblement des doutes, au début. Mais quand elle le vit persévérer, elle se mit à rester longtemps le matin dans son lit, enfoncée jusqu'au cou dans ses couvertures, tandis qu'Ayuta était assis à sa table.

« Tu peux ouvrir la fenêtre, tu sais, je n'ai pas froid, et c'est mieux pour toi, tu peux voir le mont Fuji… »

Par la fenêtre ouverte, en effet, on pouvait apercevoir entre les barreaux les rizières verdoyantes et, au-delà, les petits chemins serpentant entre les collines en de longs détours. Bien plus loin encore, on distinguait la silhouette si pure du mont Fuji, dont le sommet semblait flotter dans le ciel et le pied s'élargir en une longue traîne verdoyante.

Ayuta décida de se mettre également à son bureau en rentrant de l'école. Il n'allait plus retrouver ses camarades devant la salle de réunion des jeunes.

Mais il lui fallait encore faire un effort pour refuser d'aller avec eux au bain public quand ils venaient le chercher. Pour s'y rendre, en effet, les enfants traversaient toujours le pont suspendu qui se trouvait devant l'hôtel Izuya avant de passer au coin du bâtiment principal. Et l'expression « bain public » évoquait aussitôt pour Ayuta le souvenir de la petite citadine à l'air si vif qui avait enveloppé les tranches de gâteau pour lui, ainsi que celui de l'étudiant, son frère, à l'air un peu sévère.

Mais il croyait comprendre que la « maîtrise de soi » dont lui avait parlé Kajima devait avoir quelque rapport avec la bataille qu'il se livrait à lui-même pour rester devant sa table et pour résister à la tentation de s'en éloigner.

Ayuta travaillait sérieusement depuis une dizaine de jours lorsque Saeko lui confia une nouvelle missive à l'attention de Kajima. Si l'idée de porter cette lettre à l'hôtel Izuya séduisait beaucoup l'enfant, il avait également le sentiment que porter cette lettre, justement, allait contre ce que lui avait un jour expliqué Kajima.

Finalement, Ayuta envoya Tomekichi à sa place sans en prévenir Saeko. Et le petit garçon, séduit par la promesse d'un nouveau crayon, et aussi par le rôle de messager d'amour, rôle qui avait un certain goût d'aventure, accepta avec empressement. A son retour, Ayuta lui demanda :

« Que faisait le monsieur ? Et la fille ?

— Le monsieur n'était pas là. Il y avait seulement la fille qui lisait. »

Ayuta se dit que ce devait être une fille qui lisait tout le temps. Quand Saeko posa naturellement cette même question à Ayuta, il lui répéta la réponse de Tomekichi sans en changer un mot.

Après cela, Tomekichi fut envoyé tous les deux ou trois jours à l'hôtel Izuya. Mais la troisième ou la quatrième fois, il revint en disant :

« Cette fille-là, elle a la maladie de poitrine. Moi, j'y vais plus !

— Qui t'a dit ça ?

— C'est la dame de l'hôtel qui l'a dit, quand elle est venue chez nous !

— C'est rien, la maladie de poitrine !

— En tout cas, moi, j'y vais plus !

— Ah oui, répète un peu pour voir ! »

Ayuta lança à l'enfant, plus jeune que lui de trois ans, un regard furieux, prêt à le battre. Il n'aurait su lui-même s'expliquer la raison de cette soudaine flambée de colère.

Tomekichi abandonna ses fonctions de messager ; Yukio fut donc chargé de remettre la lettre suivante.

« Il y avait une dame qui faisait ses bagages », déclara-t-il en revenant.

Qui était cette dame, Ayuta n'en avait pas la moindre idée, mais si elle faisait ses bagages, cela signifiait probablement que l'étudiant allait quitter l'hôtel.

« A qui as-tu donné la lettre ?

— A la dame. »

Que la lettre ait été remise à la dame inquiéta Ayuta, mais il n'en dit rien à Saeko.

Le lendemain, Ayuta interrompit son travail un peu plus tôt dans la matinée et envoya Tomekichi et Yukio en reconnaissance à l'hôtel Izuya. Il pensait en effet que Kajima et la petite fille quitteraient peut-être le village pour retourner à Tôkyô ce jour-là. Ce que lui relatèrent les deux enfants confirma ses pressentiments.

« La dame remontait le sentier avec la petite fille, et elles avaient des bagages. Nous, on s'est sauvés tout de suite en les voyant », lui dit Tomekichi.

Ayuta, sous prétexte d'un mal de ventre subit, s'écarta du groupe d'enfants qui se dirigeait vers l'école. Il fit un détour et grimpa sur une colline couverte d'arbres aux essences variées qui surplombait les bâtiments scolaires. Il se coucha dans l'herbe sur une pente où les élèves avaient cultivé une parcelle de terre.

Du haut de la colline, dans l'air pur du matin, on pouvait voir le village tout entier. Cinquante ou soixante fermes étaient dispersées çà et là, chacune douillettement installée dans un bouquet d'arbres. On distinguait nettement la petite école pareille à un jouet, la mairie, les bureaux de l'administration (du moins ce que les paysans appelaient ainsi) ; mais il s'agissait en fait du bâtiment des Eaux et Forêts et de la maison d'Ayuta, la plus grande maison du village. On apercevait également la resserre et le chêne vénérable. Tout le village semblait se tenir à portée de la main.

Sur l'aire de stationnement voisine des bureaux des Eaux et Forêts, une voiture attelée attendait, entourée de cinq ou six personnes. Les silhouettes semblaient minuscules, et l'on ne pouvait distinguer les adultes des enfants. Cinq minutes plus tard, la voiture s'ébranlait lourdement. Tant qu'elle chemina sur la route de Shimoda, Ayuta la suivit fidèlement du regard, sans même un clignement de paupière. Puis, quand elle eut disparu derrière les collines qui abritaient le bourg voisin, il réalisa que, cette fois, la petite fille au biscuit avait réellement quitté le village.

Ayuta décida d'attendre le début du deuxième cours pour se rendre à son école et fit ses exercices d'arithmétique pendant les trente minutes qui lui restaient. Il pouvait maintenant résoudre l'un après l'autre, sans la moindre difficulté, tous les problèmes qui la veille lui paraissaient trop difficiles ; et c'est à la fois avec sérénité et une légère nostalgie qu'il redescendit la colline sans être vu de personne.

Quand il rentra de l'école ce jour-là, Saeko l'accueillit avec un visage teinté de sévérité.

« Dis donc, à qui as-tu donné ma lettre ? »

Et comme Ayuta ne savait que répondre :

« M. Kajima m'a dit que tu l'avais donnée à sa mère, et il n'était pas content !

— Il est encore là ? demanda Ayuta qui avait pensé que Kajima était parti lui aussi dans la voiture du matin.

— Evidemment qu'il est là. Puisque je suis là ! »

A ces mots, les yeux de Saeko brillèrent d'un éclat inhabituellement chaleureux.

Ayuta n'arrivait pas à comprendre où et quand Saeko et Kajima pouvaient avoir ce genre de conversation.

Cela ne pouvait être, en admettant qu'ils eussent quelques moments ensemble, qu'aux heures où Ayuta était à l'école. Mais Saeko avait éprouvé dès son arrivée une telle animosité pour tous les gens du village que, afin d'éviter de les rencontrer – ce qu'elle détestait par-dessus tout – elle ne sortait de la maison que pour des choses vraiment importantes.

Deux ou trois jours après le départ pour Tôkyô de la petite fille et de sa mère, Ayuta éprouva le désir, après l'école, d'aller se promener dans la colline, derrière un petit sanctuaire un peu à l'écart du village, pour y apprendre ses leçons de géographie.

Il n'y avait personne dans l'enceinte du sanctuaire, mais, au moment de traverser la cour, il vit soudain Saeko s'élancer hors du bois de cryptomères.

Ayuta ne savait pas si elle avait surgi devant lui volontairement, parce qu'elle l'avait aperçu la première, ou si son irruption était le fruit du hasard, mais il lui sembla qu'elle n'avait pas son visage habituel.

« Rentrons à la maison, dit Saeko.

— Qu'est-ce que tu faisais ?

— Rien. Que tu es bête ! Et je n'ai pas envie de parler, alors tais-toi ! »

Ayuta s'inquiéta en voyant, dans le beau visage de Saeko, les deux prunelles humides de larmes.

« Tu as pleuré ?

— Quand on est triste, on pleure.

— Il y a quelque chose qui t'a rendue triste ?

— Bof, coupa Saeko, sur le ton d'un garçon, avant d'ajouter : Allons, marche tout droit. Et tâche de ne pas te retourner ! »

Ayuta avança docilement et, comme Saeko le lui demandait, il ne se retourna pas une seule fois pour essayer de voir ce ou celui qui se trouvait derrière lui.

Quand la jeune fille s'arrêta à mi-chemin pour se rafraîchir le visage, Ayuta lui trouva un air pitoyable.

Une semaine plus tard, il se passa encore ceci.

Ayuta, réveillé au milieu de la nuit, entendit sa grand-mère et Saeko discuter dans la pièce voisine.

« Et où étais-tu pendant ces deux heures ? demandait la grand-mère, sur un ton plein de reproches qui ne lui était pas habituel.

— J'ai marché un peu, je ne pouvais pas dormir !

— Propre à rien ! »

Saeko ne répondit pas et entra dans la chambre qu'elle partageait avec Ayuta. Il l'entendit bientôt se déshabiller dans l'obscurité.

« Où tu étais ? » demanda Ayuta à voix basse quand la jeune fille se fut enfoncée sous les couvertures.

Se glissant à moitié sous la couverture d'Ayuta, Saeko colla son visage contre son oreille et lui chuchota :

« Au fond, tout au fond de la montagne,
enfouie dans la neige profonde, si profonde,
enveloppée dans la neige froide, si froide,
je m'endormirai un jour. »

Puis elle retourna dans sa propre couche et ajouta, sur un ton chaleureux, comme une grande sœur :

« Il faut dormir maintenant. Tu te lèves tôt demain, non ? Dès que tu seras debout, je te préparerai une tasse d'eau sucrée bien chaude. »

C'était la première fois, depuis qu'Ayuta était né, que quelqu'un lui parlait sur un ton aussi affectueux et attentionné.

Saeko était déjà levée quand il s'éveilla le lendemain matin. Et elle lui apporta effectivement, comme elle le lui avait promis, une tasse d'eau chaude sucrée qu'elle posa sur son bureau près de la fenêtre. Puis, après avoir déclaré : « Oh, que j'ai sommeil ! », elle retourna se coucher. Dans la lumière blanche de l'aube d'été, le visage endormi de Saeko tourné vers le plafond parut à Ayuta plus pur et plus beau que celui de la petite fille au biscuit qu'il avait vue un jour à l'hôtel Izuya.

Au mois d'août, Ayuta alla passer ses vacances d'été chez ses parents, à Toyohashi. Il ne les avait pas vus depuis un an.

Ces trois semaines lui parurent beaucoup trop longues. La vie sans contrainte qu'il menait avec sa grand-mère et Saeko était bien plus amusante. Sa mère l'emmena au cinéma et au théâtre, mais cela ne l'intéressa guère.

Au début du mois de septembre, on le confia à un soldat du régiment de Toyohashi qui retournait chez lui, à Yugashima, pour le ramener au village.

A côté de sa table de travail, près de la fenêtre orientée au nord, quelqu'un avait fixé au mur avec une punaise une feuille de papier sur laquelle avaient été tracés, à l'encre de Chine, les deux caractères de l'expression « maîtrise de soi ».

« Qu'est-ce que c'est que ça ?

— C'est moi qui l'ai écrit.

— Menteuse ! »

Ce n'était manifestement pas l'écriture de Saeko, mais, en dépit de l'insistance d'Ayuta, elle s'obstina à répéter en riant que c'était elle.

Ayuta avait l'impression, sans savoir pourquoi, qu'il s'agissait de ces caractères tracés par Kajima et que le jeune étudiant avait fixés sur le mur de sa chambre à l'hôtel Izuya. Saeko n'avait-elle pas subtilisé cette feuille pour la mettre dans sa chambre à lui ?

« Il est encore là, le monsieur ?

— Il est parti », répondit brièvement Saeko qui ne s'étendit pas davantage sur ce sujet.

Lorsque les versants du mont Amagi changèrent de couleur et que la neige d'automne commença à recouvrir la ligne de crête des montagnes, Ayuta entreprit de préparer ses examens avec acharnement. En dehors des heures d'école, il ne quittait plus sa table de travail, près de cette fenêtre orientée au nord.

« Tu travailles beaucoup, dis donc ! »

Saeko, apparemment gagnée par le sérieux d'Ayuta, s'occupa alors de lui avec beaucoup d'affection. Très souvent, tard dans la soirée, elle venait lui apporter quelque nourriture qu'elle avait préparée elle-même. Il lui arrivait aussi de déposer sur sa table des cosmos ou des dahlias, disposés dans une bouteille de limonade.

Après la fête du village, en octobre, Saeko quitta la maison pour trois jours sous prétexte de rendre visite à sa famille. Mais, à son retour, elle n'y fit aucune allusion. Si sa grand-mère paraissait réellement croire que Saeko s'était rendue dans la petite ville portuaire où habitait sa mère, Ayuta, lui, savait qu'elle n'y était pas allée.

Saeko lui avait en effet rapporté, pour son travail, deux livres. Ils étaient enveloppés dans un papier sur lequel était inscrit le nom d'un libraire situé dans une petite station balnéaire renommée du nord de la péninsule. Or, cette ville se trouvait dans une direction exactement opposée de l'endroit où habitait la mère de Saeko.

Si Ayuta s'en était aperçu tout de suite, il n'en avait rien laissé paraître.

« Petit, dit un jour Saeko à l'enfant, tu travailles beaucoup, dis donc ! C'est si intéressant que ça d'étudier ? C'est vrai qu'un homme, ça doit étudier. Il faut le faire toute ta vie, tu sais ? Moi, j'aime de plus en plus les gens qui étudient. Tu comprends pourquoi ?

— Ça m'intéresse pas ! » répondit Ayuta, mais il pensait en réalité que c'était probablement sous l'influence de Kajima qu'elle parlait ainsi. Cependant, il lui était impossible d'exprimer cette opinion à voix haute, sans qu'il sache pourquoi.

« Tu veux que je te le dise ?

— Tu m'embêtes !

— Je vais te le dire quand même. Tu sais ce que ça veut dire, séduire ? C'est amusant de séduire un grand travailleur… » Mais le visage de Saeko n'exprimait en cet instant pas le moindre amusement.

L'hiver arriva, plus tôt que d'habitude. Dès novembre, le mont Fuji était tout blanc. Et à la fin du même mois, les premières neiges avaient entièrement recouvert la chaîne du mont Amagi.

Ayuta prenait sur ses heures de sommeil pour être à sa table de travail. Habitant une resserre, il ne souffrait pas des courants d'air glacés, mais au cours des longues heures assis à sa table le matin et le soir, le froid engourdissait ses pieds et ses mains.

« Comme tes mains sont froides ! Mais tu n'en as plus pour très longtemps, alors, encore un effort ! »

Tout en prononçant ces paroles, un soir de la mi-décembre, Saeko, avec une gentillesse qui ne lui était pas coutumière, prit les mains glacées d'Ayuta dans les siennes.

Les mains de Saeko étaient aussi froides que celles d'Ayuta. Celui-ci remarqua alors, pour la première fois, la finesse des doigts très blancs de la jeune fille. Contrairement à ce jour où Saeko l'avait serré dans ses bras, Ayuta laissa cette fois ses mains dans les siennes aussi longtemps qu'elle le voulut.

Ce soir-là, il ne décela aucune hostilité dans son attitude, et la chaleur de son corps, qui se communiquait peu à peu à travers sa main, lui sembla être celle qu'aurait pu lui offrir une mère ou une sœur.

Le lendemain, Saeko quitta de nouveau la maison, toujours sous le prétexte d'aller voir sa mère dans la petite ville portuaire. Elle avait annoncé une absence de trois jours, mais, au bout d'une semaine, elle n'était pas revenue.

Saeko partie, Ayuta perdit son ardeur au travail.

Un dimanche particulièrement doux, la grand-mère d'Ayuta, qui était sortie, revint en disant :

« Quelle folie, par ce froid ! Il paraît qu'il y a eu un double suicide à Amagi ! »

La nouvelle avait apparemment été annoncée par des charbonniers qui revenaient de la montagne.

Ayuta était à sa table de travail quand il entendit les paroles de sa grand-mère. Il se leva brusquement et demanda :

« On a découvert un double suicide ?

— C'est ce qu'on raconte. De toute façon, maintenant qu'ils sont dans la neige, c'est pas deux ou trois jours de plus qui les abîmeront ! Les gars pensent monter là-haut demain ou après-demain. »

Les doubles suicides n'étaient pas rares au village. Deux ou trois fois par an, un jeune couple venait de la ville et provoquait ce genre d'incident. Les jeunes gens du village étaient à chaque fois mobilisés.

Ayuta s'esquiva discrètement, descendit l'escalier et sortit.

Le vent qui soufflait la veille encore était tombé, et le soleil d'hiver brillait doucement au-dessus du petit bois de pruniers couverts de fleurs précoces.

Ayuta se rendit à la salle de réunion des jeunes gens du village, et il demanda aux deux ou trois enfants qui s'y trouvaient de prévenir tous ceux qui étaient au-dessus de la troisième année. Il s'adressa aux enfants rassemblés sur un ton de commandement :

« Nous allons voir un double suicide dans la montagne ! Allez vous préparer et revenez vite ! »

Les quatorze ou quinze enfants rentrèrent aussitôt chez eux et revinrent au lieu du rendez-vous, munis de cache-nez, de petites serviettes à la ceinture et de sandales de paille qui ne risqueraient pas de casser en route.

Pour éviter de se faire remarquer par les adultes, ils gardèrent une allure nonchalante en traversant le village. Mais dès qu'ils furent hors de vue, ils se mirent à courir. Puis ils continuèrent, tantôt courant, tantôt s'arrêtant, sur la route de Shimoda, vers le col d'Amagi.

Les adultes ne leur avaient jamais permis de se rendre sur les lieux des doubles suicides, aussi la seule perspective d'en voir un de leurs propres yeux les excitait beaucoup.

Avant leur départ du village, ils avaient entendu dire par les adultes que le suicide avait eu lieu à quelque deux kilomètres avant le col, dans la forêt de cryptomères. Il leur fallait donc parcourir une distance de six kilomètres environ.

La route serpentait en de multiples lacets le long de l'étroite vallée. A partir de là, le chemin était couvert de neige, dont la couche s'épaississait au fur et à mesure que la forêt devenait plus dense.

Devant le pont de S., trois des enfants, ne supportant plus leurs pieds glacés, se laissèrent distancer; un tronc d'arbre gisait au bord du chemin. Ils dégagèrent la neige qui le recouvrait et décidèrent d'attendre à cet endroit le retour de leurs camarades.

Cinquante mètres plus loin, d'autres enfants abandonnèrent la grimpée. Deux d'entre eux, âgés de onze ans, se mirent à pleurer, et trois ou quatre autres déclarèrent qu'ils en avaient assez.

Finalement, Ken.ichi et Sajirô, qui étaient dans la même classe de sixième année qu'Ayuta, furent les seuls à continuer avec lui. Ils étaient tellement fascinés par le suicide qu'ils en oubliaient leurs orteils rougis par le froid.

Le suicide avait eu lieu non loin de l'endroit où ils avaient laissé leurs camarades. Les corps de l'homme et de la femme, dans la forêt de cryptomères, étaient déjà à demi ensevelis sous la neige.

Celle-ci couvrait presque les visages, et les corps baignaient dans un monde bleuâtre, d'une tranquillité effrayante.

C'était donc bien Saeko, se dit Ayuta.

La face de l'homme étant à moitié enfoncée dans la neige, Ayuta ne put voir qui c'était. Mais cela ne lui fut pas nécessaire pour avoir la certitude qu'il s'agissait de l'étudiant Kajima.

Au fond, tout au fond de la montagne,
enfouie dans la neige profonde...

Tout en se souvenant des paroles que Saeko lui avait un jour murmurées à l'oreille, Ayuta fixait le cou blanc de la jeune fille à demi caché par la neige. Il se contentait de répéter à Ken.ichi et Sajirô :

« Ne marchez pas là, ne marchez pas là ! »

Il craignait qu'en la piétinant, ses deux amis ne souillent la pureté de l'étendue enneigée.

Ce suicide avait-il été suggéré par l'étudiant Kajima, qui avait enseigné à Ayuta la signification de l'expression « maîtrise de soi », ou par Saeko ? Ayuta ne pouvait répondre à cette question, mais il eut un choc beaucoup plus violent et d'une autre nature qu'une simple tristesse à la vue de ces deux êtres, qui lui avaient apporté le plus à ce jour, morts en même temps, au même endroit. Deux êtres d'une essence tout à fait différente semblaient retenir leur souffle, enfouis dans la neige.

Ayuta aperçut soudain, au milieu de la forêt de cryptomères, un *asunaro* isolé, très vieux, et il se souvint de l'explication que Saeko lui avait donnée au sujet de cet arbre, et combien ses yeux brillaient à ce moment-là. Elle avait dit, sur un ton légèrement teinté de mépris :

« C'est un arbre qui pense toujours : “Demain, je serai un cèdre, demain !” Mais il n'y réussit jamais, et c'est pour cela aussi qu'on l'appelle *asunaro*. »

Le fait que les deux jeunes gens reposent précisément sous un *asunaro* ne pouvait avoir de signification particulière, mais Ayuta pensa que Kajima portait en lui un peu de la mélancolie et de la tristesse du nom de cet arbre.

Il faut surmonter cette mort, il faut aller de l'avant dans la vie en se maîtrisant soi-même, il faut entrer à l'école secondaire et lire beaucoup de livres : toutes sortes d'impressions jaillissaient dans le cœur d'Ayuta et le bouleversaient.

« Moi, je rentre ! »

Réveillé par la voix de Ken.ichi qui avait l'air consterné, Ayuta tourna le dos aux lieux de la catastrophe.

Ce fut à cet instant qu'il réalisa pleinement la signification réelle de la mort des deux jeunes gens, et l'horreur et la tristesse de ce double suicide déferlèrent sur lui en une vague immense.

2

Quand se lève la lune d'hiver

A dix-sept ans, dans le collège de la plus grande ville industrielle de l'ouest du département de Shizuoka, Ayuta passait pour un génie.

Il avait été reçu en seconde, puis en troisième année, avec des notes si brillantes que son professeur de littérature japonaise et chinoise, qui avait de la sympathie pour ce garçon tranquille, avait un jour déclaré, pendant un cours, qu'Ayuta était le plus brillant élève que l'école eût jamais reçu dans ses murs depuis sa fondation.

Ayuta était lui-même parfaitement convaincu qu'il pouvait surpasser les autres élèves dans n'importe quel domaine, et ceux-ci le considéraient de leur côté comme un être à part. D'habitude, les bons élèves étaient facilement l'objet de moqueries et de sarcasmes de la part des mauvais sujets, mais il semblait que ceux-là mêmes se sentaient obligés de manifester un certain respect pour le génie d'Ayuta.

Pendant la première année, Ayuta avait habité chez ses parents, mais au printemps de la seconde année, son père fut muté à Taipei, et Ayuta fut mis en pension. Le père changeait de poste tous les deux ou trois ans, et le fils aurait dû, s'il était parti à Taipei, changer de collège deux ou trois ans plus tard, à l'affectation suivante. Ses parents estimaient qu'il était préférable pour lui qu'il restât dans l'établissement qu'il fréquentait alors.

Ayuta, d'ailleurs, n'avait guère éprouvé d'intérêt pour la vie qu'il avait menée avec ses parents depuis un an, après la mort de sa grand-mère, et il n'éprouva guère plus de tristesse à les quitter. Ses années d'enfance passées auprès de sa grand-mère O.Ryô avaient peut-être relâché ses liens d'affection avec sa famille.

A la pension, les grands élèves qui admiraient ses dons et son goût prononcé pour l'étude le choyaient :

« Eh, Shindô, traduis-moi deux pages du livre de lecture anglaise », lui demandaient souvent les élèves de cinquième année.

Tout le monde l'appelait Shindô, « petit génie ». Personne ne l'appelait Kaji ou Ayuta. Shindô était devenu son surnom.

Vers la fin du second semestre de sa troisième année, Ayuta changea d'établissement et entra au collège de la ville de N., une station estivale et balnéaire renommée, à l'entrée de la péninsule d'Izu. Ses parents avaient en effet jugé préférable que leur fils, privé de leur présence et de faible constitution, se rapprochât du village où il avait passé son enfance et où il conservait quelques parents et amis.

Ayuta ne fit pas d'objection. Il ne s'était guère fait de nouveaux amis, et la vie monotone de pensionnaire commençait à lui peser. Entrer dans un collège plus proche de son village d'Izu et travailler dans une atmosphère différente n'était pas une mauvaise idée, se disait-il.

Mais ce qui le séduisait le plus, en fait, était que son nouveau collège se trouvât dans une ville proche de son village au pied du mont Amagi. Ce serait merveilleux, lorsqu'un dimanche serait par exemple suivi d'un jour férié, de pouvoir aller fouler le sol du pays où il avait passé ses années d'école primaire. Depuis la mort de sa grand-mère O.Ryô, la resserre dans laquelle tous deux avaient habité était occupée par un couple d'instituteurs, originaires d'une autre région. Mais il y avait dans le village plusieurs maisons où il pouvait se faire héberger sans difficulté.

Et puis, cette ville se trouvait aussi au bord de la mer, qu'il aimait beaucoup, et enfin, l'idée de prendre pension dans un temple zen, le Keirinji, suffisait à le transporter de joie. Pour la première fois de sa vie, il aurait une chambre pour lui seul ; il y installerait son bureau, et pourrait y travailler sans être dérangé. Cette seule pensée l'enthousiasmait déjà.

Les parents d'Ayuta l'informèrent de ce projet lors des vacances d'été – Ayuta les avait rejoints à Taipei – et il changea d'établissement au milieu du second semestre. Il aurait pu le faire dès le début du semestre, mais en octobre avait lieu un concours par niveau qui réunissait tous les élèves au-dessus de la troisième année de toutes les écoles secondaires du département de Shizuoka.

Ayuta et deux de ses camarades avaient été sélectionnés pour participer à ce concours, et il ne voulait pas laisser passer cette occasion.

Un jour d'octobre donc, tous les trois voyagèrent en train pendant deux heures, jusqu'à S., le chef-lieu du département du même nom. Ils allaient affronter, dans une salle du collège de la ville, une trentaine d'autres élèves sélectionnés par leurs établissements. Ayuta était presque le seul à ne pas porter de lunettes : non seulement la plupart des autres en portaient, mais ils se tenaient tous voûtés et marchaient la tête basse.

En attendant que l'on distribuât les sujets d'examen, Ayuta observa ses voisins, mais ils ne lui firent guère bonne impression.

Tous ces jeunes gens maigrelets et à la mine renfrognée, comme les adultes, avaient le visage tourné vers la fenêtre ou gardaient les yeux fixés sur la pointe de leurs crayons. Et lorsque le surveillant fit une plaisanterie, aucun d'entre eux ne daigna rire.

Ayuta fut classé premier au concours. Il franchit la grille de son nouveau collège une semaine après la publication des résultats. Alors qu'il y avait deux cents élèves de troisième année dans le collège précédent, il n'y en avait que cent dans le nouveau. Le Keirinji se trouvait près de l'embouchure de la Kanogawa, d'où partaient les bateaux à moteur qui faisaient le va-et-vient entre les différents villages de pêcheurs de la côte occidentale de la péninsule.

La chambre à six tatamis, à côté de l'entrée du temple, devint celle d'Ayuta. Quand il s'installa pour la première fois devant son nouveau bureau, qu'il avait placé près de la fenêtre, il entendit, tout proche, le teuf-teuf des machines à vapeur.

Ayuta devait passer les deux années suivantes de sa vie dans la ville de N. Dès son arrivée au Keirinji, il avait déposé son sac et s'était rendu aussitôt à son nouveau collège. Après s'être acquitté des formalités administratives, il avait assisté au dernier cours de l'après-midi. Puis il était retourné au temple.

Quatre personnes vivaient dans ce temple : le desservant et sa femme, d'une cinquantaine d'années, leur fille, Yukie, qui avait terminé ses études au collège de jeunes filles l'année précédente, et un vieux jardinier.

Ayuta était un pensionnaire que tous devaient soigner, car il leur avait été présenté par un homme qui était non seulement un parent éloigné des Kaji, mais également le paroissien le plus important du temple.

Ayuta rencontra pour la première fois Yukie alors qu'il venait juste de s'asseoir à son bureau, de retour du collège.

« Alors, c'est Ayuta qu'on t'appelle ? »

Le visage de la jeune fille apparut entre les *shoji* [1] qu'elle avait ouverts. Elle était plus corpulente et plus grande que la moyenne et parlait d'une voix très claire.

« Je suis Kaji Ayuta », répondit Ayuta en saluant avec raideur.

Yukie, elle, se contenta de dévisager Ayuta sans répondre à son salut.

« Il paraît que tu es un petit génie, et sage avec ça ? C'est très bien, mais il faut aussi te fortifier en faisant de l'exercice. C'est pour ça que tu es venu ici, non ? Je suis déjà au courant, tu sais. Excuse-moi, mais pourrais-tu commencer dès maintenant à balayer le jardin ? C'est le style spartiate, ici, tu sais ! »

Ayuta fut surpris, mais le ton que Yukie avait employé n'avait rien de désagréable. Son langage était un peu direct pour une jeune fille, mais son expression restait très gaie. Une partie de son visage semblait toujours continuer à sourire.

Ayuta sortit dans le jardin, prit le balai qu'on lui donnait et se mit à balayer. Mais comme ce jardin avait au moins une surface de six cents mètres carrés, ce n'était pas une mince affaire que de le balayer entièrement, et Ayuta se sentit un peu découragé.

---

1. *Shoji* : porte ou fenêtre coulissante à lattis tendu de papier blanc.

Quand il eut balayé la moitié du jardin, Yukie revint avec une dizaine d'élèves de l'école primaire. Elle tendit à chacun un balai et leur dit :

« Allez, balayez-moi tout ça ! » puis elle leur fit signe de commencer. S'adressant ensuite à Ayuta :

« Toi, ça suffit maintenant ! »

C'étaient les enfants du voisinage.

« Faites-moi ça aussi bien que s'il s'agissait de votre propre jardin, hein ! Et gare à celui que je verrai traîner sous prétexte que c'est celui du temple ! »

Yukie s'appuya contre le mur de soutènement en pierre du campanile, et, tout en surveillant le travail des enfants, elle entonna une chanson de pensionnaire, d'une voix si puissante qu'Ayuta tourna involontairement les yeux vers elle. Elle ouvrait la bouche toute grande et la refermait à moitié, toute petite et toute ronde. Elle chantait librement, sans retenue, et ce chant ne correspondait pas à l'expression qu'Ayuta lisait sur son visage. La voix s'élevait résolument très haut, pour laisser parfois mourir curieusement les mots entre les lèvres.

Ayuta aurait été incapable de dire si la jeune fille chantait bien, ou même si elle chantait juste. Mais sa voix avait des accents particuliers qui la rendaient belle. Ou bien était-ce Ayuta qui ne pouvait que trouver belle cette voix dont Yukie s'enivrait visiblement.

Quand le jardin fut balayé, Yukie demanda encore à Ayuta de l'aider à puiser l'eau du bain. Ils sortirent ensemble par la porte de service pour tirer l'eau du puits dans des seaux qu'ils portèrent jusqu'à la salle de bain, à côté de la cuisine.

« Nous ferons le feu pour le bain à tour de rôle. Aujourd'hui, c'est moi qui vais m'en occuper.

— Et demain, c'est moi qui le ferai ?

— Evidemment, tu ne t'imaginais quand même pas que tu allais prendre des bains dans un temple zen sans t'en occuper toi-même ! »

Le ton de Yukie, quoique brusque et sans aucun ménagement, ne blessait pourtant pas Ayuta, parce qu'il ne contenait pas la moindre hostilité.

Le soir, le dîner réunit toute la famille dans la pièce au plancher de chêne. Le desservant était un homme silencieux qui n'intervenait jamais dans les affaires domestiques, et sa femme était une personne douce et aimable. Yukie avait grandi entre ces deux êtres, entièrement libre de vivre à sa guise.

Après le dîner, Ayuta prit un bain. Le premier à y entrer fut le desservant, puis ce fut le tour d'Ayuta, et enfin de Yukie.

Assis devant son bureau, Ayuta l'entendit chanter une chanson semblable à celle de l'après-midi.

Le lendemain matin, on le réveilla à six heures, et, après le petit-déjeuner et jusqu'à l'heure de son départ pour l'école, il dut aider Yukie à faire le ménage du temple, relié à la maison d'habitation par un couloir. Et comme la veille, dans le jardin, il eut la permission de s'arrêter quand tous les enfants de l'école, leurs sacs en bandoulière, furent assemblés.

Chacun, après avoir déposé son cartable dans un coin, frotta le plancher avec un chiffon qu'on lui avait remis, courant à quatre pattes le long du couloir.

« Tai.ichi, fais-le encore une fois, mieux que ça ! Atchan, change l'eau du seau ! »

Yukie, sans rien faire elle-même, déambulait parmi la dizaine d'enfants qui se démenaient, adressant un mot à chacun. Elle les dirigeait très habilement, et, grâce à l'ascendant qu'elle semblait exercer sur eux, les petits lui obéissaient docilement, sans grimaces.

« Allez, essorez les chiffons et mettez-les à sécher bien proprement à la cuisine, au soleil. Et maintenant, courez vite à l'école, et ne traînez pas, sinon vous allez être en retard ! » Elle les laissa partir après les avoir fait travailler autant que possible.

Puis elle ajouta :

« Toi aussi, Ayuta, si tu ne pars pas maintenant, tu vas être en retard ! »

Ce fut pour le garçon le début d'une nouvelle vie, très différente de celle qu'il avait menée jusque-là. Il dut chaque jour balayer le jardin, puiser l'eau du bain et faire le ménage du temple. On aurait pu croire qu'il s'était installé là uniquement pour décharger Yukie de la moitié de sa tâche quotidienne. Ce qu'elle-même reconnaissait d'ailleurs, avouant que la présence d'Ayuta l'arrangeait bien. Parfois, elle l'appelait de son bain pour lui demander d'ajouter du bois dans le feu. Le corps de Yukie, d'une blancheur de neige et débordant de vitalité, éblouissait Ayuta. Tout en évitant de regarder dans sa direction, il se penchait sur ses fiches de vocabulaire et parfois soufflait sur le feu avec une tige de bambou creuse, puis consultait à nouveau ses fiches.

Dix jours après son arrivée dans son nouveau collège, le professeur principal de sa classe le fit appeler. Il lui demanda s'il acceptait de participer à la séance annuelle qu'allaient donner les élèves.

« Je vais apprendre le livre de lecture anglaise par cœur », répondit Ayuta.

Il s'agissait d'un livre de lecture, hors programme, qu'utilisaient les élèves de cinquième année. Ayuta consacra les dix jours qui le séparaient de la fête à mémoriser le texte anglais. Chaque nuit, pendant de longues heures, il parcourut les allées du Keirinji, en répétant obstinément les phrases du livre.

Ayuta avait une confiance absolue en ses capacités de mémorisation, et son niveau d'anglais était largement celui d'un élève de cinquième année.

Le jour de la fête, pendant une heure entière, Ayuta prononça le texte d'un célèbre journaliste anglais sans la moindre hésitation. Chaque phrase s'échappait de sa bouche au rythme d'un fusil mitrailleur, au point que sa prestation frôlait le comique. On aurait cru que l'assistance, silencieuse, avait été aspergée d'eau froide, tant elle restait médusée, frappée de stupeur. Les petits de première année s'agitaient bien un peu, par ennui, mais les autres, fascinés, gardaient les yeux rivés sur la bouche d'Ayuta.

Il s'arrêta une seule fois, pour boire. Jetant un coup d'œil sur les professeurs assemblés au pied de l'estrade, il en aperçut deux ou trois qui tenaient le livre de lecture ouvert sur leurs genoux.

Au bout d'une heure exactement, il reçut l'ordre de s'arrêter. Il prenait trop de temps à lui seul. Il lui restait encore un cinquième du texte à dire, et il fut déçu de ne pouvoir terminer. Il descendit de l'estrade, se rassit et continua à se réciter le reste du texte à voix basse.

Après avoir repris son sac dans sa classe, il s'apprêtait à rentrer chez lui en traversant le terrain de sport lorsqu'il s'entendit interpeller par un garçon de cinquième année.

« Eh, amène-toi par ici ! »

Le ton brutal inquiéta légèrement Ayuta, mais il suivit pourtant le garçon. Celui-ci l'emmena derrière la salle d'armes, où quelques autres élèves se trouvaient déjà, fumant des cigarettes. Un des garçons avait à peine dit : « Comme tu as l'air d'avoir la tête un peu dérangée, on va t'aider à la remettre en place ! », qu'Ayuta se sentit plongé dans l'obscurité. Se tournait-il à droite, que les coups pleuvaient à droite ; se tournait-il à gauche, que les coups pleuvaient à gauche.

« Pardon, pardon !

— Qu'est-ce que tu racontes ? Tu peux encore parler ? »

Le corps plaqué au sol, Ayuta essayait de se protéger la tête avec les mains. Mais il dut encore subir pendant cinq minutes leur volée de coups de poing.

« A partir d'aujourd'hui, on te lavera la tête comme ça une fois par semaine. Tu viendras ici chaque samedi à deux heures ! »

Ayuta entendit à peine ces mots, immergé dans un épais brouillard. Quand il parvint enfin à se relever, il n'y avait plus personne. Son visage était si enflé qu'on ne pouvait plus y distinguer le nez ni les yeux.

Au temple, Yukie, stupéfaite, ouvrit des yeux ronds et lui demanda ce qui s'était passé. Quand Ayuta le lui eut raconté, elle s'écria sur un ton de reproche :

« Evidemment, quelle idée stupide ! Moi aussi, si j'entendais ça, ça me donnerait envie de taper ! »

Puis elle sortit du placard un matelas sur lequel elle le fit s'étendre, s'activa dans la cuisine et revint avec une serviette mouillée, avec laquelle elle lui rafraîchit le front.

Ayuta n'alla pas au collège pendant trois jours. Il ne ressentait ni haine ni révolte envers ses oppresseurs, mais seulement une peur immense.

Il demanda à Yukie : « Peut-être que je devrais en parler au professeur ? Je ne veux pas qu'on me batte encore ! »

Mais celle-ci, exaspéré par une telle attitude, s'écria :

« Si tu fais ça, c'est moi qui te battrai ! Et puis d'abord, j'ai l'impression qu'il te manque une case, à toi ! Mets-toi un peu en rogne, à la fin ! Avoir toujours peur, ce n'est pas possible ! Un homme, ça se met en colère ! »

Le quatrième jour, quand son visage eut repris un aspect plus normal, Ayuta retourna au collège. Les grands élèves lui paraissaient tous être des monstres, et chaque fois que son regard croisait celui de l'un d'entre eux, il était pris d'un grand frisson et baissait la tête.

Ce jour-là, tandis qu'il franchissait la grille de l'école, après la fin des cours, Ayuta aperçut Yukie qui l'attendait un peu à l'écart. Sa haute silhouette et son magnifique kimono tranchaient vivement sur la sombre rangée de cerisiers dépouillés de leurs feuilles.

C'était certainement lui qu'elle attendait. Il hésita pourtant à se montrer. Un flot continu d'élèves passait le portail, et tous jetaient un coup d'œil dans la direction de Yukie.

Plusieurs fois, il entendit murmurer dans le groupe des grands : « Tiens, Mlle Yukie du temple », ou « Tiens, la petite Yukie du temple ! » et il comprit pour la première fois qu'elle était un personnage connu parmi les grands élèves.

Il sentit soudain les yeux de Yukie fixés sur lui et se jugea découvert.

« Qu'est-ce que tu as à rester planté là ? » lui demanda-t-elle.

Puis, elle se rapprocha rapidement de lui et ajouta :

« Reste là et désigne-moi, quand ils passeront, les types qui t'ont battu. »

« Ça, surtout pas », pensa Ayuta. Il passa devant Yukie sans lui répondre et commença à courir, mais la jeune fille réussit à le retenir par son sac.

« Pourquoi te sauves-tu ?

— Ben…

— Il n'y a pas de quoi avoir honte !

— Ben… c'est qu'ils sont déjà tous partis ! »

Et c'était vrai, qu'il avait vu sortir quelques-uns des élèves qui l'avaient battu.

« Bon, s'ils sont partis, il n'y a qu'à aller à la gare. Il y en a sûrement quelques-uns qui prennent le train.

— D'accord pour la gare », dit Ayuta qui tenait surtout à s'éloigner le plus vite possible du collège.

Ayuta et son chaperon se dirigèrent donc ensemble vers la gare en passant par la grand-rue de la ville de N. Quand ils arrivèrent en vue des bâtiments de la gare, Ayuta sentit ses jambes fléchir.

Yukie se dirigea vers la salle d'attente pleine de collégiens et collégiennes de la ville de N.

« Il y en a un là-bas. »

Ayuta désigna un seul élève à Yukie. Il sentait qu'elle ne le laisserait pas tranquille tant qu'il n'aurait pas l'air de s'exécuter.

L'élève en question se tenait debout à côté de l'accès aux quais, avec cinq ou six autres camarades. Leurs casquettes, enfoncées sur le front et légèrement inclinées sur l'oreille, affichaient leur refus d'appartenir au groupe des élèves sérieux.

Yukie s'approcha d'eux et se planta juste en face de l'élève que lui avait désigné Ayuta :

« C'est toi, le type qui s'est attaqué à un petit ? Tu vas jurer que tu ne lèveras plus le petit doigt sur lui, sinon gare ! »

Le garçon commença à reculer, avec ses camarades, en marmonnant de vagues excuses.

« On a confié ce garçon à ma famille parce qu'il a besoin de reprendre des forces. Alors, vous avez intérêt à le laisser tranquille ! » A ces mots, Yukie leur tourna brusquement le dos et revint auprès d'Ayuta complètement atterré.

« Bon, je pense que ça devrait aller comme ça ! Et puisque ça fait longtemps que je n'étais pas venue dans ce quartier, je vais en profiter pour passer à mon école. Viens avec moi, je n'en ai pas pour longtemps ! » L'établissement dont parlait Yukie était le collège secondaire de filles où elle avait fait ses études.

Cette proposition n'enthousiasmait guère Ayuta. Il accepta cependant de suivre la jeune fille, à condition qu'il l'attende devant l'entrée.

Ce collège se trouvait à quatre cents mètres environ de la gare, vers la sortie de la ville. Ayuta n'y entra pas. Il attendit Yukie sur le chemin qui longeait le terrain de sport entouré d'une palissade.

De là, il put la voir entrer, alors que les cours se terminaient, sur le terrain. Le kimono de la jeune fille tranchait nettement sur les quelques dizaines d'uniformes bleu marine dispersés çà et là.

Très vite, la jeune fille se trouva au centre d'un cercle d'uniformes. Ce qu'elle racontait déclenchait parfois dans cette masse mouvante un rire clair et joyeux qui parvenait jusqu'à Ayuta. Puis cette masse confuse se divisa en plusieurs groupes. Ayuta vit Yukie se baisser, puis dessiner d'un geste ample un demi-cercle au-dessus du sol, et le bas de son kimono se releva en s'ouvrant. Elle venait de lancer un disque. Et ce disque, tel un être vivant, s'envola comme aspiré vers les hauteurs du ciel, étincelant dans le soleil de l'après-midi. La ligne tracée dans l'azur par ce petit objet parut à Ayuta se prolonger très loin, vers l'infini.

La « petite Yukie du temple » était une célébrité dans la ville de N. Succès d'ailleurs bien mérité, puisqu'elle était détentrice de plusieurs records obtenus dans les compétitions sportives féminines des départements d'Aichi et de Shizuoka. Mais ce fut la première fois, ce jour-là, que Yukie en parla à Ayuta, sur le chemin du retour.

« Si je ne m'étais pas cassé une côte, j'aurais peut-être été championne du Japon ! » lui dit-elle, sans aucune amertume dans la voix. Mais le visage ouvert que lui avait donné la nature cachait peut-être ses sentiments véritables.

Les vacances d'hiver commençaient le 22 décembre. Ayuta fut classé deuxième au premier trimestre. Il n'arrivait pas à comprendre pourquoi et l'idée qu'il existât un élève meilleur que lui lui était insupportable. Il avait des notes voisines de cent dans toutes les matières importantes, mais ses notes en gymnastique et en arts martiaux étaient presque éliminatoires. Quand Yukie lui dit : « Deuxième, ça va, non ? », il répondit avec une brutalité inhabituelle :

« Ben non, ça ne va pas ! »

Il était de très mauvaise humeur.

« Tiens, mange une mandarine !

— J'aime pas ça, ça jaunit les ongles. »

Yukie examina le carnet de notes.

« Evidemment, avec des notes pareilles en gymnastique et en arts martiaux… C'est drôle, toi qui n'as aucun amour-propre d'habitude, là, tu n'aimes pas être battu ! Mais si ça t'embête autant, il faut t'entraîner ! La force physique, pour un homme, y a pas à dire, c'est important ! Regarde-moi ça, tu es encore enrhumé ! »

Puis elle ajouta, en lui tâtant le poignet :

« C'est drôle, tu n'as pourtant pas le bras si maigre ! Je me demande si tu es faible de nature… Bon, à partir d'aujourd'hui, tu seras dispensé de la préparation du bain et du ménage du temple, et tu feras du sport à la place. Mais qu'est-ce que tu pourrais bien faire ? »

Ayuta ne savait rien faire. Peut-être un peu de barre fixe. Depuis la première année, tandis que les autres élèves prenaient part à des jeux sportifs au moment de la récréation, lui se suspendait tout seul à la barre fixe. Il était capable de faire un renversement.

« La barre fixe ? Mais il n'y a ni gagnant ni perdant à ce sport ! » s'écria d'abord Yukie sur un ton légèrement méprisant, mais elle se reprit : « Bon, tu peux toujours essayer ! C'est toujours mieux que d'apprendre des mots par cœur ! »

Au début des vacances d'hiver, Ayuta retourna dans son village pour la première fois depuis trois ans. Il logea chez un parent, un marchand de raifort. Ses anciens camarades d'école primaire, étrangement intimidés par sa casquette de collégien, ne l'approchaient pas. Même quand ils le rencontraient dans la rue, ils l'entouraient tout en gardant une certaine distance. Un jour, Ayuta suivit le sentier de rizière pour aller voir la resserre dans laquelle il avait vécu plusieurs années, lorsqu'il était enfant, avec sa grand-mère O.Ryô. Les murs qui s'effritaient, les barreaux de la fenêtre, les marches de pierre, le ruisseau le long de la resserre, le plaqueminier, le châtaignier, l'arbousier : tout le rendait nostalgique. Même le moulin et le ruissellement de son eau lui rappelaient de nombreux souvenirs.

Ayuta se souvint de sa première rencontre avec Saeko, maintenant disparue. Il était alors monté dans le plaqueminier pour la regarder jouer de l'harmonica le long des rizières. Il eut envie de grimper de nouveau à l'arbre.

Les rizières, d'aspect jaunâtre en hiver, s'étendaient alentour. A part un chien qui semblait regarder dans sa direction, il n'y avait personne en vue.

Il détourna son regard des rizières et distingua l'intérieur de la resserre à travers la fenêtre à barreaux. Peut-être avait-on percé une autre fenêtre dans le mur, car la pièce paraissait très claire et on pouvait apercevoir une machine à coudre.

Ayuta sentait qu'il régnait dans la maison une atmosphère complètement différente de celle qu'il avait connue quand il y habitait lui-même. Il lui était impossible d'imaginer sa grand-mère O.Ryô ou Saeko apparaissant à la fenêtre.

Le deuxième soir, un commis de l'hôtel Izuya vint le chercher sur la demande de la famille Kajima. C'était la famille de l'étudiant qui s'était suicidé avec Saeko.

Ils logeaient à l'hôtel Izuya et, dans ce tout petit village, deux jours à peine après son arrivée, ils semblaient au courant de sa présence. Selon les proches d'Ayuta, la famille Kajima venait au village chaque année au mois de décembre, depuis la mort du fils unique. Ils faisaient dire au temple local un office pour le repos des âmes des deux jeunes gens. Une personne de la famille de la grand-mère O.Ryô était venue les années précédentes, mais on ne l'avait pas vue cette année.

Ayuta se rendit aussitôt à l'hôtel avec le commis. La famille Kajima logeait dans le nouveau bâtiment. Leur chambre donnait sur le vallon. Famille était peut-être beaucoup dire, car il n'y avait là que la mère et la sœur cadette de Kajima, Hamako (c'était son prénom), qu'Ayuta avait rencontrée une seule fois, lorsqu'il était allé remettre à l'étudiant la première lettre de Saeko. En trois ans, celle-ci avait tellement grandi qu'on avait peine à la reconnaître.

La petite fille d'autrefois avait disparu. Elle semblait maintenant plus âgée qu'Ayuta, et ses yeux aux larges prunelles étaient si grands qu'ils détruisaient un peu l'harmonie du visage plutôt étroit.

Ayuta fut invité à dîner. Aux questions que lui posa la mère sur un ton distingué, sur sa famille et ses études, il s'efforça de répondre par de très courtes phrases, le plus correctement possible.

On ne lui parla ni de l'étudiant Kajima ni de Saeko, et Ayuta lui-même évita ce sujet. Il sentait confusément qu'il était préférable de ne pas l'aborder.

Une seule fois, au milieu d'un silence, Hamako lança brusquement, avec un rire inexplicable :

« Finalement, mon frère, il était un peu bizarre ! »

Mais sur un regard sévère de sa mère, elle passa sa langue entre ses jolies dents blanches et prit, l'instant d'après, un air froid qui impressionna beaucoup Ayuta.

Quand la conversation s'éteignait, le grondement du torrent parvenait jusqu'à leur table.

Ayuta prit congé de ses hôtesses après deux heures de contrainte. Toutes deux le raccompagnèrent jusqu'à l'entrée de l'hôtel. Hamako lui dit :

« Je vais chaque année passer l'hiver dans la ville de N., au pied du mont Ashitaka. »

Ce fut la seule fois ce soir-là qu'elle s'adressa directement à Ayuta. Et la mère ajouta :

« Comme elle n'est pas bien solide, je l'emmène pendant l'hiver dans un endroit où il fait doux. N., c'est une ville où il fait bon en hiver, n'est-ce pas ? »

Pour toute réponse, Ayuta s'inclina profondément deux ou trois fois, et sortit de l'hôtel. On aurait dit qu'il s'enfuyait. Assez agité, il prit le même chemin qu'il avait suivi autrefois, avec l'étudiant Kajima, le long du torrent. S'il lui était donné un jour à lui aussi d'appeler une femme son épouse, celle-ci ne pourrait être que Hamako, se disait-il.

Pourtant, quand il se souvint que la fille, aussi bien que la mère, s'étaient contentées de dire qu'elles passaient le plus fort de l'hiver dans la ville de N., au pied du mont Ashitaka, sans avoir précisé leur adresse ni formulé la moindre invitation à aller les voir, son humeur s'assombrit.

Quand il parvint en haut de la côte, il fit demi-tour. Il trouvait en effet dommage de regagner dès maintenant la maison envahie de l'odeur de raifort et d'y perdre son temps en propos insignifiants.

Il reprit donc le chemin qui descendait en serpentant vers la rivière. Dans le brouillard nocturne, on ne voyait pas à deux mètres devant soi. Il redescendit lentement jusqu'au pont suspendu, où il resta quelque temps à contempler les lumières de l'hôtel qui luisaient faiblement, puis remonta le sentier.

Dès le lendemain, Ayuta prit congé de ses proches et regagna le Keirinji.

Le 28 décembre, Ayuta et Yukie pilèrent les *mochi*[1] à tour de rôle. La mère de Yukie et le vieux jardinier mouillaient la boule de pâte. Ayuta ne pila en vérité qu'une boule de pâte, mais il y employa toutes ses forces. Et il se retrouva finalement haletant et le front en sueur. Il manquait peut-être de force, mais il se sentait surtout grippé ce jour-là. Il espérait que Yukie le relayerait, puisqu'ils étaient supposés piler à tour de rôle, mais elle n'en fit rien.

« Encore, encore ! » se contentait-elle de dire, sans prendre le pilon elle-même.

---

1. Pâte de riz cuit à la vapeur que l'on mange traditionnellement la veille du Jour de l'An au Japon.

Au moment où il laissait tomber le pilon au bord du mortier, il s'écroula. Il se retrouva couché à l'entrée de la cuisine. Yukie, à ses côtés, lui rafraîchissait le front avec une serviette humide, comme elle l'avait déjà fait une fois auparavant, et elle marmonnait : « Qu'est-ce que c'est que ce travail ? Et ça se prétend un homme, il y a vraiment de quoi rire ! » Ce qui ne l'empêcha pas, par la suite, de quitter à tout moment le mortier pour venir voir comment il se sentait.

Au troisième trimestre, Ayuta travailla beaucoup et pratiqua intensivement la barre fixe. Il s'entraînait sur le terrain de sport de l'école primaire, à quelque deux cents mètres du temple. Les agrès ne l'intéressaient guère, mais Yukie, qui semblait toujours attendre son retour avec impatience, l'y poussait.

La jeune fille se suspendait avec lui à la barre, et, quand il se fut exercé une dizaine de jours, elle lui présenta un garçon du même âge que lui. Il s'appelait Tsukuda. Ce garçon avait la réputation d'être le plus fort, aux agrès, de l'école commerciale de N., et elle voulait qu'il enseignât les rudiments de cette discipline à Ayuta. Il vint donc presque tous les jours et les leçons se poursuivirent jusqu'à la tombée de la nuit. Ayuta avait les mains pleines d'ampoules, et il lui était difficile de tenir son crayon.

« Une ampoule ou deux, ce n'est rien ! » disait Yukie qui venait le soir, quand il travaillait, et les lui perçait avant de les badigeonner de teinture d'iode. Cela lui faisait si mal qu'il ne pouvait empêcher sa main de tressauter. Mais Ayuta était maintenant résigné à son sort qui avait voulu qu'il prît logement dans ce temple.

Aux examens du troisième trimestre, Ayuta fut troisième, c'est-à-dire qu'il avait encore reculé d'une place. Il y avait dans sa classe un nouvel élève nommé Hakamada, qui venait de la quatrième école secondaire municipale de Tôkyô.

Cet élève, se disait Ayuta, était le seul auquel il ne pouvait se mesurer. Quelle que fût la matière enseignée, il arrivait à démonter le professeur. Et il connaissait aussi le nom de nombreux écrivains et poètes étrangers.

Le jour où cet élève fit, pendant l'heure d'étude surveillée de japonais, un exposé intitulé « Les œuvres d'Akutagawa Ryûnosuke », Ayuta sentit que quelque chose de très important échappait aux gens comme lui, qui les empêchait d'arriver à la cheville de Hakamada.

Quand Yukie vit son carnet de notes du troisième trimestre, elle remarqua :

« Tiens, tu as encore reculé ! Alors que tu es assez fort pour être premier ! Ça ne va pas, ça ! Peut-être qu'après tout tu devrais te consacrer aux agrès ! »

A vrai dire, Ayuta s'était déjà posé la question. Après trois mois d'entraînement, il était déjà capable de faire le grand soleil, le corps bien droit. Peut-être, se disait-il, suis-je plus doué pour les agrès que pour les études ?

Ayuta passa en quatrième année. A la fête sportive du mois d'avril, il s'inscrivit dans la catégorie des agrès.

La veille de la fête, Yukie vint s'asseoir au bord du carré de sable, à côté de la barre, pour le regarder faire le grand soleil sur le terrain de l'école primaire.

« Encore, encore ! »

Il avait beau tourner encore et encore, son entraîneur, intraitable, ne lui permettait toujours pas de s'arrêter.

Ayuta, pris de vertige, lâcha la barre et se laissa tomber sur le sable. Mais Yukie s'écria aussitôt d'un air sévère :

« Ça ne va pas du tout, tu n'en fais qu'à ta tête ! Demain, à la fête sportive, il faut que tu tournes jusqu'à ce que tu n'en puisses plus ! Tu as bien été capable, la dernière fois, d'apprendre tout un livre de lecture par cœur, alors ne me raconte pas que tu ne peux pas faire ça maintenant ! Tsukuda, lui, a fait le grand soleil plus de dix fois ! Alors, toi, tu devras le faire quelques fois de plus ! Et alors, dans cette ville, ce sera toi le plus fort ! »

Quand il entendit « plus de dix fois », Ayuta se sentit défaillir, car il n'était jamais parvenu à dépasser six ou sept fois jusque-là.

Le lendemain, jour de la fête, Yukie, en grande tenue, apparut sur le terrain de sport juste avant le début de l'épreuve des agrès, et se dirigea directement vers Ayuta. Elle se contenta de lui dire :

« Tu tournes, tu tournes, jusqu'à l'épuisement, hein ! », puis elle s'en alla.

De tous les élèves qui participaient à la fête, Ayuta était le seul capable de faire le grand soleil. Il s'élança donc. Il entendait, envahi d'un sentiment étrange, les applaudissements qui éclataient parmi les spectateurs. C'était la première fois de sa vie qu'il faisait une telle expérience. Il tourna, sept, huit fois. Les drapeaux blancs et rouges qu'agitait la foule repliée sur le terrain et les multiples lignes tracées à la craie sur le sol se trouvaient tantôt en dessous, tantôt au-dessus de lui.

Ayuta ne savait plus combien de tours il avait faits. Toutes ses forces avaient disparu, et il ne pouvait plus compter sur ses mains agrippées à la barre.

« Allez, encore, encore ! »

Il ne voyait plus rien et ne percevait plus que la voix de Yukie.

Ayuta crut voir soudain le ciel et la terre inversés, et, l'instant d'après, il sentit le sol s'approcher à une vitesse terrifiante.

Il perdit conscience, la figure enfouie dans le sable.

Yukie lui expliqua plus tard qu'il avait lâché la barre après le treizième tour. Ce soir-là aussi, elle lui rafraîchit le visage avec une serviette humide.

« Tu es adroit, mais tu n'as pas de force dans les bras ! Et si tu faisais du canoë ? Ou peut-être que la natation… »

Ses paroles effrayèrent Ayuta.

Après la fête sportive, Ayuta ne toucha plus à la barre fixe. La passion de Yukie pour les agrès s'était-elle épuisée, ou avait-elle compris qu'Ayuta n'était décidément pas doué pour ce sport ? Toujours est-il qu'elle cessa de le harceler pour qu'il s'y entraîne.

Un mois après la fête sportive, vers le milieu de mai, Ayuta fit une expérience tout à fait inattendue. C'était un soir où l'on sentait pour la première fois l'approche de l'été ; l'odeur de la marée était très forte. Il était sorti du temple pour s'acheter un cahier, et se dirigeait d'un pas tranquille vers la grand-rue de la ville.

« Eh, Kaji, j'ai quelque chose à te demander… »

Interpellé de la sorte, Ayuta se retourna et aperçut Yama.ura, un élève de sa classe. C'était un garçon petit et maigre, plutôt mauvais élève, et dont la conduite prêtait aux bavardages.

« Quoi ?

— C'est pas grand-chose. Les types qui ont fini leurs études cette année se réunissent pour fêter ça dans un restaurant de la plage de Sembonmatsu. Il faudrait juste que tu y ailles et que tu fasses venir deux ou trois de ces types. C'est ceux qui nous ont souvent battus, et d'ailleurs, toi aussi ils t'ont battu une fois.

— Et qu'est-ce que tu feras quand ils seront là ?

— Après, tu me laisseras faire. »

Ayuta n'avait rien de spécial à faire ce soir-là. Il suivit donc Yama.ura sur la plage. Une fois devant le restaurant, dans le bois de pins, Yama.ura lui nomma les grands élèves qu'il voulait voir.

« Je demande qu'ils viennent, et c'est tout ?

— Tu n'as qu'à dire qu'une femme les attend.

— C'est vrai qu'une femme les attend ?

— Quel idiot ! En tout cas, t'as qu'à dire ça ! »

Ayuta demanda donc à parler à l'un des anciens grands élèves.

Il reconnut le garçon qui sortait du restaurant, la figure rougie par l'alcool : c'était un des garçons qui l'avaient battu un jour.

Le jeune homme n'était encore qu'à cinq ou six mètres du restaurant quand Yama.ura fondit sur lui tel un rapace sur sa proie. Ce fut l'affaire d'un instant. Yama.ura était petit, mais d'une agilité extraordinaire. A peine avait-il jeté son adversaire à terre qu'il se mit à le frapper, tout en pesant sur lui. Il semblait avoir quelque chose comme une pierre à la main. Et sa victime, pendant ce temps-là, ne cessait de pousser des hurlements. Ayuta le regardait, stupéfait.

« Appelle le suivant ! » lui lança-t-il, tout en continuant à frapper.

Ayuta n'eut pas besoin d'obéir à cet ordre.

Deux autres garçons s'élançaient hors du restaurant.

Aussitôt, Yama.ura se jeta sur le premier des deux.

Le deuxième, comprenant qu'il avait affaire à des agresseurs, se jeta directement sur Ayuta. Ce dernier se retrouva plaqué au sol, dans le sable, son ennemi sur lui.

Ayuta était fou de rage. A aucun prix, il ne voulait être encore battu au point de ne pouvoir distinguer son nez de ses oreilles.

« Eh, filons, y en a plein d'autres qui arrivent ! »

Ayuta, sentant quelqu'un lui toucher l'épaule, se retourna et vit Yama.ura debout à côté de lui. Deux garçons gisaient au pied des pins.

Ayuta réalisa à cet instant qu'il se trouvait à cheval sur son adversaire, et qu'il était en train de lui enfoncer la tête dans le sable, tout en lui tordant le cou.

Il se dégagea et courut derrière Yama.ura, laissant la plage derrière lui. A l'entrée de la ville, Yama.ura, en guise d'adieu, lui cria :

« Va à droite, moi je vais à gauche ! »

Ayuta, toujours à demi inconscient, continua à courir de toutes ses forces sans savoir où il allait. Une heure plus tard, il était devant l'entrée du Keirinji.

Il se lava la figure et les mains au puits. Elles étaient couvertes de sang.

Le lendemain, Ayuta raconta à Yukie qu'il était tombé de la paroi escarpée derrière l'école, et resta à la maison. L'après-midi, le concierge vint le chercher. Dans la salle des professeurs, il vit Yama.ura debout, l'air fier, un sourire moqueur sur les lèvres.

« Ces types m'ont battu une fois par semaine pendant trois ans, disait-il. Je peux bien leur rendre ça une fois, non ? »

Yama.ura ne se sentait pas le moins du monde coupable. Ayuta lui trouvait un air viril. Où prenait-il tant d'intrépidité, d'agilité et d'effronterie, ce garçon plus petit que lui ?

« Kaji, c'est moi qui lui avais demandé d'appeler les autres. Mais comme il y en a un qui s'est jeté sur lui, il a dû s'y mettre aussi ! Kaji, c'est de la légitime défense ! » continuait Yama.ura.

Ce jour-là, les garçons furent simplement renvoyés chez eux et l'affaire en resta là.

Ils firent le chemin du retour en silence, mais, au moment de se séparer, Yama.ura lui dit en lui donnant une légère tape sur l'épaule :

« Dis donc, tu te débrouilles bien dans une bagarre ! C'est marrant comme tu peux être leste ! C'est pas mal, pour une tête d'enfant sage comme toi ! »

Puis il le quitta sur un « Salut ! » doublé d'un clin d'œil et s'en fut prestement de son côté. Ces manières de voyou plaisaient beaucoup à Ayuta.

Lorsqu'il revint au temple, Yukie l'attendait dans sa chambre.

« Toi qui es si faible et si poltron d'habitude, c'est drôle, cette extravagance, et cette témérité, tout d'un coup ! Je me demande d'où ça te vient, de ton père ou de ta mère ? lui dit-elle. Déshabille-toi un peu, tu dois être couvert de bleus ? »

Ayuta découvrit seulement son torse. Effectivement, sa poitrine et ses bras étaient couverts de contusions.

Ayuta eut la permission de retourner au collège après une semaine. Mais Yama.ura fut exclu définitivement parce que son adversaire avait perdu toutes ses dents de devant dans la bagarre.

Pendant la semaine d'exclusion, Ayuta composa quelques poèmes dans le style d'Ishikawa Takuboku. Il contemplait du jardin du temple, presque chaque soir, le mont Ashitaka où se trouverait peut-être

Kajima Hamako au Jour de l'An, avec un étrange sentiment doux-amer, qu'il essayait à tout prix d'introduire dans ses poèmes.

Le 20 juillet, on annonça les résultats des compositions du premier trimestre de la classe de quatrième année. Ayuta était tout à coup descendu à la trentième place.

« Le petit génie, hein ! dit Yukie en poussant un gros soupir. Décidément, rien ne va. Ni les études, ni la barre, ni la poésie…

— La poésie ?

— Oui, je les ai lus, tes poèmes !

— Tu les as lus ! »

Rouge de honte, Ayuta se jeta sur Yukie. Il la fit tomber sur les tatamis, et y maintint son corps replet avec fureur. Les poèmes étaient rangés au fond de son bureau fermé à clé. Ils auraient donc dû être à l'abri des regards indiscrets. C'était bizarre.

« Tu me chatouilles, idiot ! »

Yukie se releva après s'être dégagée. Elle se rajusta et se recoiffa, tout en disant :

« Tu arrêtes maintenant, il est précieux, ce corps ! »

Ayuta rougit à nouveau en prenant conscience de ce qu'il venait de faire. Il n'était pas certain de comprendre ce qu'elle venait de dire. Elle avait peut-être fait allusion au fait qu'on commençait à la demander en mariage.

« Les études, ça ne va pas. La barre non plus. La poésie non plus. Peut-être qu'il ne te reste plus qu'à devenir un voyou ! »

C'était une plaisanterie, naturellement, mais qui semblait être plus qu'une plaisanterie.

« Un gosse qui n'a pour lui que de l'intrépidité, qu'est-ce qu'on peut bien en faire ? »

Puis, avec un clin d'œil hardi et coquet qui ne lui était pas coutumier :

« Mais alors, il faut devenir un voyou de première ! Ça fait plus d'effet qu'un demi-génie ! »

Et elle s'en alla dans le couloir, fredonnant une de ses chansons de pensionnaire.

Ce soir-là, Ayuta couvrit les pages de son cahier du mot *asunaro*. Il s'était souvenu de l'histoire que Saeko lui avait racontée à propos de cet arbre qui se disait toujours : « Demain je serai un cèdre, demain… » et qui n'y parvenait jamais. Il avait l'impression qu'il n'était lui-même qu'un *asunaro* qui n'arrivait à rien, que ce soit dans le domaine des études, des agrès ou de la poésie.

Quand les vacances d'été arrivèrent, Ayuta n'alla pas rejoindre ses parents à Taipei. Il prétexta des cours à suivre pour préparer l'examen d'entrée au lycée. Mais il passa en réalité tout le mois d'août au Keirinji, sans se rendre au collège.

Son goût pour les études s'était mystérieusement évanoui, d'une manière qu'il ne comprenait pas lui-même. Il passait tout de même deux ou trois heures à sa table chaque matin, mais l'après-midi, il sortait du temple par la porte de derrière et coupait à travers les rizières pour être sur la plage un quart d'heure plus tard. Peu de baigneurs fréquentaient cette extrémité ouest de la plage. De là, on apercevait, très loin à droite, l'endroit où elle était le plus animée et la mer couverte de monde.

Quand il allait au bord de la mer, Ayuta s'arrangeait pour sortir sans attirer l'attention de Yukie. Sinon, elle manifestait aussitôt le désir de l'accompagner et tenait absolument à s'installer là où il y avait le plus de monde. Et là, au milieu de la foule, elle dévoilait sans pudeur son corps replet, débordant de santé, juste couvert d'un magnifique maillot de bain rouge et jaune. Souvent, elle se hissait sur le plongeoir, ou bien, s'agrippant à une barque occupée par des hommes qu'elle ne connaissait pas, elle y montait d'autorité puis invitait à grands cris Ayuta à la rejoindre. On se demandait où elle avait pu acheter ce maillot rouge et jaune, dont son père et sa mère ignoraient l'existence. Pour sortir de la maison, elle l'enveloppait dans un carré de tissu qu'elle faisait toujours porter à Ayuta. Se rendre à la plage en compagnie de Yukie, qui aimait être le point de mire de la foule, était très pénible au jeune garçon. Il avait honte.

Un jour où Yukie était allée se baigner avec Ayuta, elle lui proposa de faire une promenade en barque, mais il refusa. Il ne voulait pas être le page d'une fille qui, en ramant avec des mouvements magnifiques et en poussant des cris perçants, attirerait l'attention de plusieurs milliers de personnes.

« Il a bien mauvais caractère, ce petit, depuis quelque temps ! Bon, ça va, j'irai toute seule ! »

Et, seule, elle alla en effet louer une barque qu'elle conduisit au beau milieu de la foule des nageurs. Les vagues étaient hautes et la barque dangereusement ballottée d'un côté et de l'autre. Le rouge et le jaune du costume de bain, tranchant sur le bleu des vagues, paraissaient très beaux à Ayuta. Yukie était sans doute la plus belle fille de la plage, se disait-il. Allongé sur le dos, il se perdait dans la contemplation de l'azur traversé par des vols de mouettes.

« Dis donc, toi, tu loges chez la petite Yukie, non ? »

Ayuta se dressa sur son séant en entendant cette voix.

Un garçon de vingt-deux à vingt-trois ans, en *yukata*[1], se tenait debout devant lui. Il semblait être étudiant.

« Oui.

— Tu pourrais lui donner ça ? »

Ce qu'on lui tendait avec arrogance était une lettre, dans une enveloppe carrée. Puis le jeune homme lui tourna le dos et s'en alla, sans un mot. Au dos de l'enveloppe était écrit à la plume : Saeki.

Ce doit être son nom, pensa Ayuta. Expulsé de l'université commerciale de N., ce garçon étudiait maintenant dans une université privée de Tôkyô, où il avait là aussi acquis une réputation de mauvais garçon. Ayuta avait souvent entendu parler de lui par ses camarades. Pour ces garçons facilement impressionnés par la force physique, Saeki s'apparentait à un héros, exerçant une certaine fascination sur eux.

Son visage plutôt pâle ne trahissait rien de sa renommée de voyou, mais il était solidement bâti.

Ayuta remit la lettre à Yukie quand elle fut descendue de la barque.

« Je n'ai pas envie de recevoir ça, moi, c'est assommant ! Je le déteste, ce type ! déclara-t-elle.

— Déchire-la, alors », répliqua Ayuta. Mais Yukie n'en fit rien ; couchée sur le sable, elle ouvrit l'enveloppe, puis annonça :

« Il me dit de venir ici après-demain soir à sept heures !

— Pourquoi ?

— Idiot, c'est une lettre d'amour ! »

---

1. *Yukata* : kimono de coton léger, que l'on porte l'été.

Une ombre passa sur son visage. Son expression inquiéta Ayuta.

Ce soir-là, pendant qu'il prenait son bain, le jeune garçon entendit Yukie discuter avec sa mère dans la cuisine.

« Laisse tomber, disait la mère.

— Mais tu crois qu'il se tiendra tranquille ? Ce serait ennuyeux s'il écrivait maintenant à la famille Okitsu. »

Cette famille était apparemment celle dans laquelle Yukie devait entrer à l'automne.

« Evidemment, avec tes sottises !

— A quoi ça sert de remuer les vieilles histoires ? »

Le ton de Yukie était docile, contrairement à ses habitudes. Cette conversation avait vraisemblablement quelque rapport avec la lettre de l'après-midi.

« Si j'étais un homme, je le battrais. »

A cela, la mère de Yukie ne répondit rien.

Ayuta ne comprenait pas bien la situation, mais Yukie semblait avoir un faible pour cet homme.

« Tu vas y aller ?

— Hum, je ne sais pas encore. »

Ayuta ne put saisir le reste de leur conversation.

Le surlendemain, était-ce une impression, Ayuta trouva que Yukie avait l'air anxieuse. Le soir, à la nuit tombée, il sortit du temple et se dirigea vers la plage. Les paroles de Yukie : « Si j'étais un homme, je le battrais ! » l'exaltaient terriblement.

C'était l'heure où les derniers promeneurs étaient rentrés chez eux. Il n'y avait plus personne sur la plage. Ayuta s'était accroupi sur le sable mouillé. Comme Yama.ura l'avait fait la dernière fois, il avait rempli de cailloux son mouchoir dont il avait noué une extrémité, et c'était là sa seule arme. Il se souvenait des gestes de Yama.ura, aussi vifs que ceux d'un écureuil. Les paroles du garçon : « Toi au moins, t'as pas peur ! », et celles de Yukie : « Finalement, la bagarre, c'est la seule chose dans tes cordes ! », lui revenaient aussi à l'esprit. Il se souvint de l'énergie qu'il avait senti jaillir en lui quand il s'était trouvé soudain, sans savoir comment, en train de tordre le cou de ce collégien si fier de sa force, le maintenant plaqué au sol, la face écrasée contre le sable.

Ayuta était là depuis cinq minutes quand Saeki arriva. Il s'approcha tranquillement et fit mine d'examiner le visage d'Ayuta.

« Ah, c'est toi », dit-il.

Mais Ayuta, sans dire un mot, se jeta sur son adversaire.

Les cailloux enveloppés dans le mouchoir touchèrent d'abord Saeki à la tête, et quand ils lui échappèrent des mains, sans qu'Ayuta s'en fût aperçu, il continua néanmoins à le frapper aveuglément.

Dans le même temps, Ayuta fut jeté à terre, battu, se releva, fut de nouveau jeté à terre. Quand il se releva une fois de plus, il avait une pierre à la main. Il n'aurait su dire combien de fois il avait avalé du sable, mais il se remit debout, serrant la pierre dans son poing.

« Allez, encore, ne t'arrête pas ! »

Parfois, la voix de Yukie, mêlée au grondement des vagues, résonnait dans sa tête étrangement vide.

Bien qu'à demi inconscient, Ayuta sentait son adversaire prêt à fuir. Certes, ce dernier le battait, l'immobilisait, mais il le sentait néanmoins prêt à fuir.

La lutte lui parut se poursuivre interminablement.

« Allez, encore, ne t'arrête pas ! »

Ayuta entendait toujours la voix de Yukie, mais il ne parvenait plus à se relever. Il n'avait pourtant pas complètement perdu connaissance : il percevait encore le grondement des vagues et pouvait distinguer quelques étoiles dans le firmament.

Il restait à terre, mais son adversaire ne revenait plus à la charge. Il avait fui. Avait-il été effrayé par l'acharnement du jeune garçon ? Quelle qu'en fût la raison, il avait fui devant lui, Ayuta.

Ayuta eut l'impression d'avoir dormi. Quand il se réveilla en sursaut, il vit, juste au-dessus de lui, le visage blanc de Yukie, de la véritable Yukie !

« Toi qui es si malingre, qu'est-ce qui t'a pris, tu es complètement fou ! »

Elle prononça ces paroles sur un ton un peu pointu, mais continua :

« Tu m'en donnes du souci, comment me marier dans ces conditions ? »

Cette nouvelle voix, d'une douceur infinie, pénétra profondément le cœur d'Ayuta.

Bien que prostré, il fut envahi d'un sentiment immense de plénitude, qu'il n'avait jamais connu.

« Tu peux te lever ?

— Oui, mais je voudrais rester comme ça un moment.

— Et la tête, est-ce que ça va ? Récite-moi un passage du livre que tu avais appris par cœur. »

Mais Ayuta en fut incapable. Il ne pouvait se souvenir de la première phrase.

« Mais une chanson de pension, je peux ! »

Alors, Yukie approcha son visage de l'oreille d'Ayuta et, comme lorsqu'elle chantait une de ses chansons de pension, elle récita, si bas qu'il semblait qu'aucun son ne sortait de sa bouche :

Quand se lève la lune d'hiver
de toi je me souviens.

C'était un des poèmes qu'Ayuta avait composés et cachés dans le tiroir fermé à clé de son bureau.

Quand se lève la lune d'hiver
de toi je me souviens
nous vivrons au pied
du mont Ashitaka.

Yukie avait donc bien lu ces lignes, songea Ayuta, mais il n'en éprouva pas autant de honte que la fois précédente. Il se souvint de l'émotion qu'il avait éprouvée en composant ce poème, et devant ses yeux surgit soudain l'image de la lune qui se levait au-dessus du mont Ashitaka, au pied duquel vivait Hamako pendant l'hiver.

3

A la surface de l'eau tourbillonnante

Kaji Ayuta termina ses études secondaires dans une ville ancienne établie au pied d'un château, dans le Japon du Nord. Il fut le seul à s'inscrire à l'université de Kyûshû à Hakata. Tous ses camarades rejoignaient les facultés de droit de Tôkyô et de Kyôto. D'une certaine manière, Ayuta choisissait la facilité, car cet établissement était le seul, parmi les universités nationales, à ne pas avoir de concours d'entrée. Cependant, là n'était pas l'unique raison de son choix.

Hakata était en effet la ville natale de Saburi Nobuko, une jeune femme très entourée des camarades de lycée d'Ayuta. Tels des pages escortant leur reine, les garçons avaient quelquefois accompagné Saburi Nobuko, lorsqu'elle retournait chez elle à Hakata, jusqu'à la gare triste et sombre de leur ville du Nord.

Nobuko était une jeune veuve de la famille Saburi, une des deux ou trois plus anciennes familles de Hakata. Cette femme qu'ils trouvaient belle, élégante, impressionnait beaucoup les étudiants. Ils aimaient à la comparer à une reine d'abeilles. Mais le comportement de la jeune femme choquait quelque peu les habitants de la ville.

Fille cadette de la famille Makado, bien connue à Hakata, Saburi Nobuko avait été mariée au fils aîné d'une grande famille de ce pays du Nord, juste après la fin de ses études à l'école secondaire de la ville. Cinq ans plus tard, son mari mourait lors d'un séjour à Paris. La jeune veuve continua cependant à tenir son rôle au sein de sa belle-famille en dépit des propos qui couraient dans la ville à son sujet.

D'après ce qu'Ayuta avait entendu dire, le père de Nobuko s'était lancé dans une affaire minière, et son échec avait entraîné la famille Makado dans une situation économique désastreuse. L'intelligente Nobuko, depuis lors, ne tenait plus beaucoup à retourner chez les siens, disait-on, et elle avait bien l'intention de continuer à vivre auprès de sa belle-famille.

Ayuta pensait qu'il y avait peut-être une part de vérité dans cette histoire. Nobuko aimait le luxe, en effet, et éprouvait la plus grande aversion pour tout ce qui évoquait la pauvreté. Cette attitude expliquait peut-être l'opinion qu'on avait d'elle dans la ville. Mais les camarades d'Ayuta voyaient les choses différemment. Kihara, par exemple, avait fait remarquer que la jeune femme ne pouvait se permettre de quitter sa belle-famille, même si elle le désirait, tant que le sort de ses deux belles-sœurs de dix-huit et vingt ans n'était pas fixé. Il lui aurait été difficile, en effet, avec une belle-mère de près de soixante-dix ans et deux jeunes filles à marier, de quitter cette grande maison dont elle avait la charge et de rayer son nom du registre de la famille Saburi, même si tel était son désir.

Quoi qu'il en fût, la ville natale de Nobuko était Hakata. Et le seul fait que la jeune femme ait fréquemment l'occasion de fouler le sol de cette ville justifiait aux yeux de Kaji Ayuta sa décision de se séparer de ses amis pour se rendre à l'université de Kyûshû. Il va sans dire que pendant ses trois années de lycée, l'activité essentielle du jeune homme avait consisté à tomber amoureux de cette jeune veuve, de trois ans son aînée.

Ayuta, coiffé d'une nouvelle casquette d'uniforme carrée, prit donc un jour le ferry pour se rendre à Kyûshû. A Fukuoka, il loua une chambre dans le quartier chinois, chez un marchand de tabac. Cette chambre était située au premier étage d'une petite maison dont le dos donnait directement sur la mer. A cette époque de l'année, les fleurs des cerisiers du parc de Nishi étaient toutes épanouies, prêtes à tomber.

Les cours que devait suivre Ayuta ne commençaient qu'en mai ; il avait donc décidé de voyager durant son dernier mois de vacances. La somme que son père lui avait envoyée pour acheter ses livres et régler son inscription à l'université lui permettait de voyager dans des conditions luxueuses pour un étudiant. Il attendrait l'automne pour payer ses cours, et il suivrait ceux-ci sans livres, même si cela n'était pas très pratique.

Ayuta passa d'abord quelques jours à Yanagawa, où était né le poète Kitahara Hakushû, puis il se rendit à Hita, où il séjourna une vingtaine de jours. La ligne de chemin de fer de Kyûdai traverse la ville située dans une vallée montagneuse. Derrière l'auberge s'écoulait paisiblement la belle Mitukumagawa. En face, sur l'autre rive, les maisons paraissaient petites et lointaines dans la brume printanière. Juste sous la fenêtre, l'eau semblait parfaitement immobile, mais il suffisait de porter le regard plus loin, plus bas, pour voir le courant rapide étinceler dans le soleil printanier. Pendant son séjour à Hita, Ayuta ne lut pas un seul livre. Il s'était lié d'amitié avec le fils aîné des gens de l'auberge, un jeune homme d'une vingtaine d'années qui boitait, et il passa les trois semaines avec lui. Ils partaient chaque matin ensemble, avec leurs cannes à pêche, pour ne rentrer que le soir, à la nuit tombée, épuisés.

Deux ou trois fois par jour, en remontant sa ligne, Ayuta pensait à Saburi Nobuko. L'image de la jeune femme vêtue de bleu, en tenue d'amazone et descendant les allées du parc de la ville, ou encore jouant du piano, le dos bien droit, ses doigts fins voltigeant sur les touches lors de la soirée d'adieu en l'honneur d'Ayuta et de ses amis, enflammait brusquement le cœur du jeune homme, et le cours d'eau dans lequel trempaient ses pieds lui paraissait soudain glacé.

A son retour de Hita, dans sa chambre de Fukuoka si vide, Ayuta trouva une enveloppe sur sa malle en osier. C'était une lettre de ses trois amis partis à Tôkyô : Ôsawa, Kaneko et Kihara.

Mme Saburi, Mlles Eiko et Sadako, les trois étoiles éblouissantes de la famille Saburi, ont quitté Kanazawa pour s'installer à Tôkyô. A croire qu'elles nous ont couru après ! Bien dommage pour toi, mais nous allons sans doute nous retrouver à nouveau chaque semaine dans le salon de la famille Saburi…

Ces lignes étaient d'Ôsawa, qui s'était inscrit en droit. De tous ses camarades, c'était celui avec lequel il s'entendait le moins. Sans faire le moindre effort, Ôsawa obtenait toujours la troisième ou quatrième place dans son groupe. Il était intelligent, certes, mais surtout débrouillard. Ses lèvres minces et ses longs cils lui donnaient, selon Ayuta, un air frivole, mais les femmes que celui-ci connaissait (qui à vrai dire se réduisaient aux femmes de l'internat du lycée et à la patronne de sa pension), le trouvaient très beau. Et depuis que Saburi Nobuko lui avait offert un porte-cigarettes de fabrication étrangère, Ayuta ressentait une sorte de haine envers Ôsawa.

Toute la famille Saburi est arrivée, et s'est installée dans une maison derrière l'école secondaire Hongô, à Komagome, pour que les deux belles-sœurs, Mlles Eiko et Sadako, puissent aller au lycée à Tôkyô. Aujourd'hui, nous sommes allés pour la première fois leur rendre visite tous les trois. Je me suis dit que les belles femmes le restent toujours, où qu'elles aillent. Mme Saburi nous a servi du bon whisky, puisque maintenant nous sommes des étudiants, a-t-elle dit. Plus de thé comme jusqu'à présent.

Ce mot était de Kaneko, deuxième dan de kendô et inscrit en agriculture, un garçon incapable d'écrire une lettre autrement que dans un style enfantin qui ne lui ressemblait pas. Le jour où ce garçon de près de quatre-vingts kilos s'était mis torse nu pour arroser le jardin des Saburi, et que Nobuko avait remarqué : « Quel beau corps, on dirait une statue grecque ! », Ayuta avait senti une vrille lui percer le cœur, et depuis, son affection pour Kaneko là aussi n'était plus la même. « Un type qui ne pense qu'à se déshabiller sous prétexte que c'est l'été, ça par exemple, quel détestable individu ! » avait-il pensé.

Mme Saburi avait envie de te voir. Elle a demandé pourquoi tu t'étais sauvé tout seul à Kyûshû. Mlles Eiko et Sadako, pas de changement. Mais tout de même, tu devrais venir à Tôkyô dès le début des vacances d'été. Tout le monde t'attend.

Cette dernière partie de la lettre était écrite par Kihara, inscrit en technologie, le plus raisonnable du groupe. L'affection qu'Ayuta portait à ce garçon n'était pas non plus sans ambiguïté. Depuis que Kihara s'était introduit auprès des jeunes belles-sœurs sous le prétexte de leur donner des leçons privées, Ayuta le trouvait lui aussi trop rusé. Il lui déplaisait aussi que ce fût à Kihara que Nobuko accordât le plus de confiance, et qu'elle lui demandât même parfois conseil.

Dès qu'Ayuta eut terminé la lecture de cette lettre, il se décida : « Bon, puisque c'est comme ça, allons à Tôkyô tout de suite ! » Il se sentait incapable de rester là, sans bouger, alors que son imagination lui peignait les trois garçons en train de se faire offrir du whisky à Tôkyô, dans la nouvelle maison des Saburi que lui-même n'avait pas encore vue. Il lui était impossible d'attendre les vacances d'été, si lointaines. S'il avait su que la famille Saburo déménagerait à Tôkyô, il n'aurait certainement pas choisi l'université de Kyûshû pour faire ses études.

« Mme Saburi a envie de te voir. » Cette nuit-là, cette petite phrase de Kihara, tracée d'une main malhabile, empêcha Ayuta de dormir. Il n'était pas du tout certain que Saburi Nobuko eût réellement prononcé ces paroles, mais cette seule phrase n'en résonnait pas moins comme une musique céleste à ses oreilles.

Le lendemain, Ayuta avait un billet pour Tôkyô. Après le voyage d'un mois qui avait déjà bien entamé son pécule, l'achat de ce billet le laissait pratiquement sans ressource. Il se disait cependant qu'une fois à Tôkyô, il lui suffirait d'emprunter un peu d'argent à Kihara ou à Kaneko.

« Eh bien, quelle figure noire ! »

Telles furent les paroles d'accueil de Saburi Nobuko quand elle vit Ayuta. Elle ne l'avait pas revu depuis deux mois qu'il avait quitté la ville du Nord. Et le jeune homme avait effectivement le visage tout bruni.

« Je suis allé à la pêche. Presque tous les jours, pendant près d'un mois, répondit Ayuta, et il prit soudain en haine le garçon boiteux de l'auberge de Hisa qui l'y avait entraîné.

— Et l'université ?

— Je n'y vais pas encore.

— Vous n'avez fait que pêcher ?

— Oui…

— Voilà pourquoi il ne fallait pas aller seul à Kyûshû. Kihara, Kaneko et Ôsawa, eux, travaillent tous beaucoup, on ne les reconnaît plus !

— Ils viennent souvent ?

— Une fois seulement, l'autre jour, et ils ont dit qu'ils reviendraient samedi, ce soir donc, sans doute. Où êtes-vous logé maintenant ?

— Je ne sais pas encore. »

Nobuko, à cette réponse, parut légèrement surprise.

« Depuis quand êtes-vous là ?

— Je viens d'arriver.

— Maintenant ?

— J'arrive de la gare de Tôkyô.

— Et vous êtes venu directement ici ?

— Oui. »

Ayuta, épuisé par les longues heures passées dans le train, n'avait plus une once de vanité, et se moquait éperdument de ce que l'on penserait de lui. Il était en état de non-résistance vis-à-vis de Nobuko, et quelle que fût la question qui lui était posée, il répondait directement, sans détour.

« Ah bon, c'est pour ça, je trouvais que vous arriviez à une drôle d'heure ! »

Ayuta jeta un coup d'œil à sa montre : il était à peine plus de neuf heures, et, dans le petit jardin intérieur, le soleil printanier brillait sur les massifs dans l'air pur et frais du matin.

Après qu'on lui eût servi un petit-déjeuner, Ayuta se laissa conduire dans une petite pièce retirée, dans laquelle on avait disposé une couche. Comme il n'avait pas fermé l'œil dans le train bondé la nuit précédente, il tomba dans un sommeil profond dès qu'il se fut glissé sous l'édredon de soie.

Il faisait nuit quand il rouvrit les yeux. Du salon filtrait un peu de lumière et lui parvenaient des bruits de voix. Il les écouta quelque temps, la tête plus claire après avoir dormi.

« Qu'est-ce qu'il peut dormir, ce type, c'est incroyable. Il s'est précipité ici, sans prendre le temps de dormir ni même de se reposer un peu, cet individu ! Je lui avais pourtant dit de ne pas aller à Kyûshû tout seul ! Il s'ennuyait, sûrement ! »

Cette voix ne pouvait être que celle de Kihara.

« Réveille-le, Eichan. Bientôt, il ne pourra plus décoller les paupières. »

Ça, c'était la voix de Nobuko.

« Mais tout de même, je me demande pourquoi il est venu, ce M. Kaji », dit Eiko. Elle avait une si jolie voix qu'elle voulait devenir chanteuse.

« Oh, il sera venu chercher quelque bouquin de référence », répondait Kihara.

Quelques instants plus tard, la porte de l'entrée fut ouverte, et l'atmosphère dans le salon s'anima tout à coup. Les voix de Kaneko et d'Ôsawa se mêlaient maintenant à la conversation.

« Il paraît qu'Ayuta est là ?

— C'est bien de lui, ça !

— Quel idiot ! »

Mêlées aux jolies voix claires, les grosses voix sans retenue sonnaient joyeusement aux oreilles d'Ayuta. En entendant parler ses amis pour la première fois depuis deux mois, une poignante nostalgie l'envahit, telle qu'il n'en avait jamais ressentie jusqu'alors.

Pourtant, il resta encore ainsi longtemps, les yeux ouverts, sans pouvoir sortir de sa couche. Maintenant qu'il y réfléchissait à tête reposée, en effet, il trouvait sa conduite, son attitude du matin dans cette maison, vis-à-vis de Nobuko, très étranges.

« M. Kaji, M. Kaji ! »

Ayuta se leva enfin quand il entendit l'aînée des belles-sœurs l'appeler. Après qu'il se fut rafraîchi le visage, la servante lui apporta un dîner qu'il avala en hâte avant de rejoindre les invités au salon. Il se sentait gêné, ce qui le rendait maussade et de mauvaise humeur. Il ne pouvait regarder Nobuko en face, et ne faisait que de courtes réponses à celui qui lui adressait la parole.

« Quelle mauvaise humeur, remarqua finement Ôsawa, et Nobuko eut un petit rire.

— Il a toujours eu des réveils difficiles, ce type, ajouta Kaneko.

— Madame, faites boire son lait au bébé, à la cuillère », continua Ôsawa. Cette fois, Nobuko ne rit pas, mais Eiko et Sadako, qui apportaient des puddings qu'elles avaient préparés elles-mêmes, se mirent à rire.

L'affection nostalgique qu'Ayuta avait ressentie pour ses camarades, cinq minutes auparavant, s'évanouit complètement. Il sentait qu'il était la risée des jeunes étudiants.

« Je rentre », annonça-t-il, en regardant pour la première fois Nobuko dans les yeux. Le visage maquillé de la jeune femme lui parut beaucoup plus beau que le matin.

« Tu rentres, où ça ?

— A Kyûshû.

— Tu arrives le matin, et tu repars le soir ? remarqua Kihara sérieusement.

— C'est une plaisanterie, voyons, M. Kaji, restez donc ici ce soir ! »

Ces paroles de Nobuko réconfortèrent doucement Ayuta, mais Kaneko ajouta :

« Mais puisqu'il a dormi toute la journée ! Même un type comme lui ne peut pas dormir tant que ça ! »

Le ton n'était pas celui de la plaisanterie, mais ce fut précisément l'air sérieux avec lequel cela fut dit qui fit rire les autres.

« Je rentre, répéta Ayuta.

— Bon, si tu veux rentrer, rentre, dit alors brusquement Ôsawa. Et nous, nous allons tous accompagner à la gare Ayuta qui retourne à Kyûshû. »

Et, sur ces mots, il se leva, alors que lui-même venait d'arriver une demi-heure avant seulement. Ayuta fut blessé par cette attitude.

Une demi-heure environ après que Nobuko eut invité Ayuta à rester, toute la compagnie quittait la maison Saburi.

« Bon, vous avez certainement envie d'aller dans un café, puisque M. Kaji est là. Je ne vous retiens pas ! » dit Nobuko, en les raccompagnant jusqu'à l'entrée.

Tous les quatre suivirent une ruelle obscure jusqu'à Sugamo, puis, sur le conseil de Kihara, entrèrent dans un petit restaurant d'*oden*[1]. Ayuta but du saké, ce qui le calma peu à peu. Finalement, il accepta la proposition de Kihara de coucher chez lui.

---

1. Plat de légumes et de beignets de poisson cuits dans un bouillon.

« Je peux rester une semaine ? Je te préviens, je n'ai pas un sou.

— Ça ira, t'en fais pas. »

Tandis qu'Ayuta et Kihara devisaient, Ôsawa et Kaneko buvaient, sans mot dire.

Puis soudain, Ôsawa attaqua Ayuta.

« Qu'est-ce que ça veut dire, toute cette excitation, simplement parce que tu es venu à Tôkyô. Et cette attitude de tout à l'heure ! Nous n'avons aucun lien particulier avec la famille Saburi. Ces femmes ne sont ni nos parentes ni nos sœurs. Pendant trois ans, nous sommes allés bavarder de temps en temps chez elles devant une tasse de café, sans jamais rien leur offrir nous-mêmes, et c'est tout ! Tu pourrais avoir un peu plus le sens des convenances ! »

Puis, coupant court, il laissa tomber, l'air indifférent :

« Tomber amoureux de Mlle Eiko, vraiment, c'est ridicule ! »

En entendant le nom d'Eiko, Ayuta leva la tête, surpris. Il n'avait en effet jamais pensé à cela.

« Ne dis pas de bêtises, moi, tomber amoureux de Mlle Eiko !

— Inutile de le cacher !

— Bah, quand on est amoureux, on est amoureux ! Après tout, nous sommes jeunes ! dit Kaneko.

— Parce que toi aussi, tu es amoureux ? demanda Ôsawa.

— Moi, non. »

Kaneko haussa les épaules, engouffra un énorme morceau de *konnyaku* [1], se redressa et ferma les yeux

1. Pâte mucilagineuse composée à partir de tubercules comestibles.

d'un air vain. Son attitude semblait, au contraire de ses paroles, exprimer une affirmation.

« Aimer, ne pas aimer, d'abord, j'aime pas ce mot-là, dit Kihara, avec l'air de réprimander l'assistance. Je le déteste ce mot, je le déteste !

— Eh, ne prends pas tes grands airs, reprit Ôsawa, qui décidément n'était pas à l'unisson ce soir-là. Comme si tu ne l'étais pas, amoureux, toi aussi ! Mais toi, évidemment, tu donnes dans les petites filles, alors c'est sans doute Mlle Sadako, hein, "répétiteur" ! »

Ce « répétiteur » sonna mal aussi aux oreilles d'Ayuta. Et tout le monde put constater à l'expression de Kihara que celui-ci ne le prenait pas mieux. Mais pour une fois, chose rare chez lui, il ne fit pas face et se contenta de répliquer :

« Peut-être bien que je l'aime… » Puis il ajouta : « Je suis amoureux de ses silences, de sa simplicité. Mlle Eiko est plus belle, mais Mlle Sadako a meilleur cœur, je crois. Il suffit de lui faire lire une ligne de son livre de lecture anglaise pour s'en rendre compte. Elle lit timidement, calmement, mais en même temps, avec une vivacité… »

Puis, tout à coup, il entonna, d'une grosse voix complètement fausse : « Si tu prends femme, prends-la maligne… » Il n'avait jamais eu l'oreille musicale.

« Ça alors, depuis que vous avez jeté la casquette de lycéen, la bride est lâchée, et vous voilà tous devenus de vrais coureurs de jupons ! Moi, je rentre ! »

Cette fois, c'était Ôsawa qui se levait.

« Tu veux rentrer ? Eh ben, rentre alors ! Mais n'oublie pas de nous laisser du fric ! C'est parce que Mlle Eiko a apporté à Ayuta l'eau pour sa toilette que tu n'es pas content ? Bof, laissez tomber, tous ! De toute façon, on n'est que du menu fretin pour ces dames ! » remarqua Kaneko en brandissant le flacon de saké. Sa bouche ne restait jamais inactive, occupée tour à tour à porter la coupe à ses lèvres et à engouffrer de l'*oden*.

Ôsawa les quitta effectivement. Et à peine était-il parti que Kaneko se levait à son tour brusquement. Ayuta resta donc seul avec Kihara, qui déclara aussitôt :

« Maintenant que les casse-pieds sont partis, on va pouvoir boire tranquillement ! »

Mais Ayuta, son entrain disparu, n'avait plus envie de boire une seule gorgée d'alcool.

En trois mois à peine, ses trois camarades de lycée avaient pris des directions tout à fait différentes. Et à cause de la famille Saburi, ils étaient nerveux les uns avec les autres sans raison valable.

Ce soir-là, Kihara était complètement ivre lorsqu'Ayuta le ramena dans sa chambre à Hongô.

Une fois rentré, l'autre continua à répéter inlassablement la première phrase de la chanson : « Si tu prends femme, prends-la maligne… » et le propriétaire de la pension dut intervenir. Kihara s'enfonça alors sous ses couvertures et sombra aussitôt dans un profond sommeil. Ayuta aperçut avec une certaine inquiétude une larme couler de l'œil droit de son camarade endormi.

Lui, sur la couche qu'on lui avait prêtée, ne put fermer l'œil de la nuit. Comme il avait dormi tout le jour chez les Saburi, il n'avait pas sommeil. A la réflexion, son départ précipité de Kyûshû n'avait effectivement aucun sens. Et son attitude chez les Saburi, comme le lui avait fait remarquer Ôsawa, avait été très étrange. Il était arrivé chez elles sans prévenir, s'était fait offrir un petit-déjeuner, avait dormi une journée entière, puis s'était encore fait inviter à dîner, pour tomber finalement dans une humeur noire, sans raison valable, avant de quitter précipitamment ses hôtesses. On ne pouvait imaginer de comportement plus stupide ni plus capricieux.

Le fait qu'Ôsawa et Kaneko fussent amoureux d'Eiko et Kihara de Sadako ne laissait pourtant pas de l'étonner. Les deux jeunes filles étaient très belles, certes, d'une beauté de fleurs, mais il ne pouvait s'imaginer éprouvant le moindre sentiment d'amour pour elles.

Quant à lui, c'était de Mme Saburi qu'il avait été épris pendant ses trois années de lycée, et non d'une des deux jeunes filles. Et il se disait qu'il devait se garder de révéler cet amour à quiconque, car il y flottait il ne savait quelle odeur de péché.

Cette année-là, Ayuta eut une autre occasion d'aller à Tôkyô.

Il reçut à la fin de l'année une lettre de Kihara lui proposant d'assister à une soirée d'adieu que donnait Saburi Eiko avant son départ en Europe où elle allait étudier le chant.

Depuis sa dernière visite aux Saburi, Ayuta avait pensé qu'il n'aurait plus jamais l'occasion de paraître devant Nobuko. L'attachement qu'il éprouvait pour elle n'était ni plus fort ni plus faible qu'autrefois, mais il s'efforçait de l'étouffer dans son cœur. Il passait maintenant presque tous ses samedis et dimanches dans un monastère zen de haut renom à Kurume. N'éprouvant plus aucun intérêt pour ses études, il avait cessé d'aller à l'université, mais il se passionnait de plus en plus pour le zen ; il s'était installé dans la pension la moins chère de la ville, peuplée d'étudiants pauvres qui mettaient tout en commun, vêtements et nourriture. Ayuta y passait la plupart de ses journées, plongé dans la lecture de livres sur le zen.

Ce fut en revenant à Fukuoka, après la fin de la « retraite de huit jours », l'une des cérémonies les plus importantes de l'année dans ce monastère, et qui débutait le 8 décembre, qu'Ayuta lut la lettre de Kihara.

Cette retraite l'avait complètement épuisé. Après avoir lu cette lettre dans sa chambre sans feu, il décida qu'il valait mieux éviter une nouvelle rencontre avec Nobuko.

Il écrivit donc à Kihara qu'étant souffrant, il ne pourrait malheureusement pas se rendre à Tôkyô ; il sortit ensuite pour poster la lettre et continua du même pas vers la plage, qui n'était qu'à deux ou trois cents mètres de chez lui. Il faisait très froid ce jour-là, chose rare à Fukuoka, et il soufflait un vent coupant, glacé.

A l'endroit où il se tenait, une petite rivière venait se jeter dans la mer. A marée basse, il y avait très peu d'eau et de longues bandes de sable noirâtre restaient découvertes, sur lesquelles s'étaient posés de petits oiseaux côtiers dont il ignorait le nom.

A cinquante mètres de lui environ, Ayuta vit un garçon d'une vingtaine d'années, à l'allure étrange, qui regardait la mer.

Ayuta, en cet instant, aurait parlé à n'importe qui. Il ne tenait plus, il fallait qu'il dise quelque chose.

« Fait froid, hein ! » lança-t-il au jeune homme. Celui-ci se retourna mais ne répondit rien. Sa chevelure aux reflets roux était dans le plus complet désordre, ses vêtements dépareillés étaient en lambeaux et ses pieds nus. Ayuta s'aperçut qu'il tenait un petit chat dans ses mains.

Un instant, il fixa Ayuta de ses yeux égarés, avant de reporter son regard vers la mer. Ayuta comprit à ce moment-là que le jeune homme n'avait pas toute sa raison ; sa silhouette, de dos, évoquait une solitude profonde, glacée.

Ayuta allait s'éloigner lorsqu'il entendit le jeune homme dire, en faisant quelques pas lents vers la mer : « Si on veut y aller, faut y aller ! »

Ayuta sursauta. Il continua à s'éloigner du jeune homme, mais sa voix résonnait toujours dans ses oreilles : « Si on veut y aller, faut y aller ! »

Cette phrase lui avait probablement échappé par hasard dans un faible éclair de lucidité, mais Ayuta ne put s'empêcher d'y voir une relation avec lui-même, et il pensa : « C'est ça, il faut y aller ! »

Le soir même, Ayuta prit le train pour Tôkyô. Il ressentit aussitôt la fatigue de la retraite et, pendant plus de vingt heures, il dut laisser les secousses du wagon malmener son corps endolori. A Tôkyô, Ayuta se rendit chez Kihara, mais son camarade était absent.

Alors qu'au lycée Kihara n'avait pas de bibliothèque dans sa chambre, les murs de celle qu'il occupait maintenant étaient couverts de livres sérieux, de technologie. Et d'après la patronne de la pension qui était venue apporter du thé à Ayuta, c'était un travailleur assidu.

Les gens changent, vraiment, songea Ayuta.

Le lendemain, Kaneko et Ôsawa vinrent chez Kihara et les quatre amis se trouvèrent réunis pour la première fois depuis longtemps. Ils se demandaient ce qu'ils pourraient apporter à la soirée d'adieu de Saburi Eiko.

« Depuis le lycée, on nous a offert des centaines de tasses de thé. Il faut profiter de cette occasion pour faire un petit cadeau. Sinon, on aura vraiment l'air de se moquer du monde, affirma Ôsawa.

— Mais moi, une fois, j'ai apporté une spécialité de chez nous, de la pâte de poisson, dit Kaneko.

— Ce type, il a fait ça en douce, apporter un truc comme ça ! s'écria Kihara sur un ton de reproche.

— Pas vraiment en douce, non, mais en tout cas, elles l'ont trouvé bon, continua Kaneko en souriant bêtement, et de toute façon, il n'y a pas que moi. Ôsawa, lui, a apporté des *yôkan* [1]. La bonne en a parlé un jour.

— Et alors, qu'est-ce que ça peut bien vous faire ? Moi, j'ai bien vu Kihara offrir plusieurs mouchoirs fleuris ! répliqua Ôsawa en rougissant légèrement.

— Ça, c'est des trucs que j'ai pris dans le tiroir de ma sœur, j'ai rien acheté comme vous, moi ! »

Ayuta ne se souvenait pas d'avoir apporté quelque chose aux Saburi. Comprenant qu'il était le seul à ne pas l'avoir fait, il se sentit trahi par ses amis et se rembrunit.

La conclusion de cette discussion houleuse fut que chacun, finalement, apporterait ce qu'il voudrait.

Ce soir-là, ils se rendirent tous les quatre chez les Saburi. Kihara avait téléphoné pour annoncer leur visite, aussi furent-ils conviés à un repas à la française. Les garçons, qui avaient eu l'intention de donner une soirée d'adieu en l'honneur d'Eiko, se trouvaient finalement invités à dîner.

Ôsawa – où avait-il bien pu le dénicher ? – déposa sur le bureau un élégant briquet, Ayuta une paire de gants de cuir, et Kihara, chose étonnante de sa part, une traduction d'un recueil de poèmes de Cocteau, à

1. Pâte de haricots sucrée.

lire, précisa-t-il, sur le bateau. Kaneko fut le seul à déposer sans rien dire un petit paquet au bord du bureau, mais pour se raviser aussitôt.

« Non, finalement, j'y renonce », dit-il avant de reprendre le paquet pour l'enfouir à nouveau dans sa poche.

Mais Nobuko intervint :

« Non, il ne faut pas, donnez-le, maintenant que vous l'avez apporté ! »

Obéissant, Kaneko reposa le paquet sur le bureau, en se grattant la tête.

Nobuko ouvrit le paquet, et y trouva deux petits *mochi* en forme de losange, blancs et rouges.

« C'est pour célébrer l'événement, n'est-ce pas ?

— Oui, c'est ça, je n'avais pas du tout d'argent. »

Ce soir-là, ils burent tous les quatre de l'alcool sans se faire prier, par une sorte de droit acquis, leur semblait-il, grâce à l'offrande de leurs cadeaux. Il était déjà arrivé à Nobuko de leur offrir de l'alcool à l'extérieur, mais c'était la première fois qu'elle le faisait chez elle.

« Buvons à la santé de notre petite Eiko ! Souhaitons-lui qu'elle ne soit pas seulement un *asunaro* ! »

Nobuko elle-même était un peu ivre, et ses joues étaient empourprées. Quand il était lycéen, Ayuta lui avait raconté l'histoire de cet arbre qui voulait devenir un cèdre dès le lendemain mais qui n'y parvenait jamais, et, depuis ce jour, on utilisait souvent le mot *asunaro* chez les Saburi.

Selon Nobuko, si la plupart des êtres humains étaient des *asunaro*, il se trouvait parmi eux de petits cèdres destinés à devenir de grands arbres magnifiques. Mais il était parfois difficile de les reconnaître parmi les autres.

« Lesquels d’entre vous sont des cèdres, je me le demande. M. Ôsawa, M. Ayuta ? lui arriva-t-il de dire plusieurs fois, sur le ton de la plaisanterie, certes, mais d’une manière qui visait en même temps à piquer les jeunes gens.

— Un être humain doit se distinguer d’une manière ou d’une autre, quelle que soit la direction qu’il a prise, même si c’est pour devenir un usurier. Ce qui m’est vraiment insupportable, c’est les gens qui restent toute leur vie dans l’anonymat, qui s’enterrent. »

Quand elle parlait ainsi, avait remarqué Ayuta, elle fronçait les sourcils, sévèrement.

Et si quelqu’un répliquait :

« Vous dites cela, mais vous-même ? elle répondait toujours :

— Pour moi, c’est trop tard, ma vie est déjà finie. Mais je pourrais aimer quelqu’un de ce genre. Si seulement je pouvais rencontrer un beau cèdre… »

Ayuta trouvait très séduisant le ton de légère coquetterie que la jeune femme prenait alors. Sa haine de la pauvreté, son goût de la respectabilité et d’un certain train de vie auxquels se joignait un peu d’arrogance auraient été déplaisants chez toute autre femme. Mais cela formait chez elle un caractère d’une beauté très particulière.

Dans quelques années, songeait ce soir-là Ayuta dans le salon des Saburi, Eiko serait cantatrice et deviendrait peut-être un magnifique cèdre. D’après Kihara, en effet, c’était parce qu’une célèbre cantatrice étrangère avait reconnu son talent qu’elle partait maintenant étudier sérieusement le chant en Europe.

« Peut-être Mlle Eiko est-elle le seul cèdre parmi nous… dit Ôsawa.

— Sadachan est une fille remarquable aussi. Il paraît qu'elle est la meilleure de son école en peinture en ce moment ! Voilà encore un cèdre ! répliqua Nobuko.

— Moi aussi, j'en suis un, mais je ne pousse pas tout à fait droit ! » lança Ôsawa à son tour, sur un ton ironique. Ce garçon, avec son intelligence, arriverait peut-être également à faire quelque chose, même si on ne pouvait encore dire quoi.

Alors, Kaneko, sans se laisser abattre, s'écria à son tour :

« Moi, j'ai sans doute l'air d'un *asunaro*, mais en réalité, je suis un cèdre de première ! Laissez-moi seulement un peu de temps !

— De quoi vous vantez-vous, alors que vous n'étudiez même pas sérieusement ! dit Nobuko.

— C'est mon physique qui va y faire, vous allez voir, mon physique ! » Et il partit d'un grand éclat de rire.

Il avait acquis, depuis qu'il était étudiant, une générosité, un calme, dans sa façon de parler et d'être, qu'il n'avait pas eus au lycée. Peut-être était-ce ce genre d'homme-là, se dit Ayuta, qui deviendrait un jour un des plus beaux cèdres.

Quant à lui, il se taisait. Il lui était impossible d'affirmer, même par plaisanterie, qu'il deviendrait lui aussi un cèdre. Il négligeait ses études et s'absorbait dans l'étude du zen, ce qui l'éloignait tout à fait de la célébrité et de la fortune. Personnellement, cela ne l'affectait guère.

Mais il lui était pénible, lorsqu'il était assis en face de Nobuko, de se sentir servile et incapable.

Ce soir-là, Kaneko et Ôsawa s'enivrèrent terriblement. Kihara et Ayuta quittèrent la maison Saburi en soutenant chacun un de leurs camarades sous le bras.

Ayuta se disait qu'ils s'étaient mis dans cet état à cause du départ d'Eiko qu'ils aimaient apparemment tous deux, et il les trouvait émouvants.

« Vous êtes tristes ?

— Tristes ? L'être humain, au fond, est triste, de toute façon, articula péniblement Kaneko, ce à quoi Ôsawa répliqua brutalement :

— Ne sois pas si pessimiste ! Ce qui est triste, ce n'est pas l'être humain, c'est le Japon ! »

Le langage d'Ôsawa avait changé depuis leur dernière rencontre, et pas seulement à ce moment-là. Il avait pris une orientation nouvelle, de gauche.

Des quatre amis, celui qui devint le plus rapidement célèbre fut précisément Ôsawa.

On s'attendait alors à voir éclater la guerre sino-japonaise d'un moment à l'autre sur le continent, et les quotidiens avaient tous adopté le même ton nationaliste. Un matin, Ayuta lut la nouvelle, en première page de tous les journaux, de l'arrestation, qui n'était pas la première, des membres d'une organisation de gauche. On pouvait y voir aussi la photo d'Ôsawa Masa.aki, avec son nom. Cela se passa lors du deuxième printemps qu'Ayuta passait à Kyûshû.

Il fut complètement bouleversé à la lecture de cet article qui consacrait plusieurs dizaines de lignes à Ôsawa. Celui-ci, semblait-il, était déjà depuis quelque temps l'un des chefs d'un groupe d'extrême-gauche infiltré dans toutes les universités du pays.

Il avait été arrêté dans la rue, devant l'université, après avoir jeté au sol les deux policiers en civil venus l'appréhender. Il était difficile d'imaginer une telle force combative dans ce corps plutôt grêle.

Il était également difficile de penser qu'il s'agissait du même jeune homme qui avait un jour déposé un élégant briquet sur le bureau du salon des Saburi pour l'offrir à Eiko.

Cet été-là, Ayuta quitta sa pension de Kyûshû pour s'installer à Tôkyô. Il pouvait se débrouiller pour finir ses études sans suivre les cours, à condition qu'il rédigeât un mémoire pour obtenir son diplôme, et il avait l'intention de vivre tranquillement l'année et demie qui lui restait à être étudiant.

Grâce à Kihara, il trouva une chambre au premier étage d'une maison particulière, près du cimetière de Somei. C'était à trente minutes à pied de chez les Saburi, mais il ne leur rendit jamais visite seul, sans Kihara et Kaneko.

Il n'allait presque jamais chez ses deux amis, qui étaient toujours très occupés par les exercices pratiques et les expériences qu'exigeaient leurs études, à la différence d'Ayuta à qui les lettres laissaient beaucoup de liberté.

La fin de ses études étant encore lointaine, Ayuta pouvait mener une vie paresseuse, dormir autant qu'il le voulait et flâner en ville. Même après avoir terminé ses études, il n'avait guère d'espoir de trouver du travail, et il avait l'intention de vivre sans souci, aux frais de ses parents, aussi longtemps que cela serait possible. Comme il se décourageait vite, l'étude de la philosophie avait pour le moment remplacé celle du zen.

C'était un soir d'octobre de l'année où Ayuta était venu à Tôkyô. Kihara était passé le voir pour lui proposer de rendre visite aux Saburi.

« Kaneko n'est pas là, mais ça ne fait rien, non ? »

Il s'était créé entre eux un climat tel qu'il ne leur paraissait pas correct de rendre visite à cette famille si un seul d'entre eux manquait au rendez-vous. Aucune règle précise n'avait été établie entre les garçons, mais ils semblaient agir selon un accord tacite depuis les années de lycée.

Ce soir-là, Mme Saburi était maquillée, ce qui ne lui arrivait pas souvent. D'une façon générale, elle se maquillait peu, ce qui ne l'empêchait pas de paraître la plus belle.

Ayuta éprouva une étrange jalousie à la vue de ce maquillage. Il avait l'impression qu'il était arrivé quelque chose à Nobuko.

Peu après leur arrivée, d'ailleurs, elle s'excusa :

« J'ai un rendez-vous, je dois sortir. Mais vous, restez là tranquillement ! » puis elle s'en fut, pleine d'entrain.

Kihara et Ayuta restèrent donc à bavarder au salon avec Sadako, mais Nobuko partie, cette pièce semblait avoir perdu toute sa chaleur.

Ayuta profita d'un moment où Sadako avait quitté la pièce pour dire à Kihara :

« Ce n'est pas très chic de ma part, mais je vais rentrer.

— Qu'est-ce que ça veut dire, ça, pas très chic ?

— Tu aimes Mlle Sadako, non ?

— Idiot ! » Et Kihara, sans plus tenir compte d'Ayuta, demanda à Sadako qui revenait dans la pièce :

« Votre belle-sœur va se remarier ?

— Je ne sais pas. Elle retournera certainement dans sa famille un jour, mais sans doute pas tout de suite. »

Cette nuit-là, Kihara et Ayuta retournèrent boire du saké chez le marchand d'*oden* de Sugamo où ils étaient déjà venus avec les autres.

« C'est tout de même bizarre, lança Kihara, si vite qu'il en resta le souffle court. La dernière fois que j'y suis allé, Mme Saburi était justement en train de monter en voiture au moment où j'arrivais. J'ai jeté un coup d'œil à l'intérieur, et il y avait quelqu'un !

— Tu es allé seul chez les Saburi ? demanda Ayuta, sur un ton de reproche.

— Râle pas comme ça, y a pas que moi ! Kaneko aussi y est allé seul, et ce jour-là aussi, il y avait déjà un visiteur. Un type de près de quarante ans, une allure terrible. Sa voiture l'attendait à la porte. Ça devait être la même que celle que j'ai déjà vue. Ah, c'est fichu ! »

Kihara avait jeté cela d'une voix pathétique, le visage très sérieux.

« Qu'est-ce qui est fichu ?

— Idiot, tu comprends pas que je l'aimais ? »

Kihara, après avoir dit cela tout doucement, eut un rire faible. Son visage douloureux ne permettait pas de se moquer de lui.

« C'est pas Mlle Sadako ?

— Je suis pas comme toi, moi. Je suis né trop tard, c'est rageant ! Alors que dans deux ou trois ans je serai un cèdre ! »

Kihara buvait sans arrêt, mais son visage devenait de plus en plus blême.

« Je me demande si Ôsawa ne l'aimait pas aussi ! J'en ai bien l'impression ! »

Ayuta ne laissa rien paraître de ses propres sentiments, mais, pris d'une excitation singulière, il se mit à boire, lui aussi.

Cette nuit-là, Kihara avait annoncé qu'il allait se raser la tête. Le lendemain, quand Ayuta alla le voir, il avait coupé ses longs cheveux et arborait un crâne presque nu qui lui donnait un air frileux.

Une dizaine de jours plus tard, Ayuta était encore couché, un matin de bonne heure, quand Kaneko vint le voir. Les planches de l'escalier craquèrent sous les pas de ce garçon à la forte carrure.

Il réveilla Ayuta, s'assit sur son lit, et lança tout de go, d'un air contrarié :

« Ça y est, je me suis fait dépuceler ! Ma virginité, que j'avais conservée pour une certaine femme, je l'ai donnée à une autre, à une rien du tout ! Bon, j'ai sommeil, je dors ! »

Et il s'enfonça sous la couverture.

« Qui c'est, la femme ?

— Ça, je ne peux pas te le dire ! »

Kaneko contempla encore le plafond, sans plus rien dire, pendant une dizaine de minutes, puis il s'endormit enfin d'un sommeil agité.

Ayuta se demanda si Kaneko n'était pas aussi épris de Mme Saburi. Il sortit en le laissant dans sa chambre, en proie à une excitation semblable à celle qu'il avait éprouvée lorsque Kihara s'était confessé à lui. Perdu dans ses pensées, il arpenta indéfiniment les allées du cimetière de Somei.

Un mois plus tard environ, incorrigibles, les trois amis se rendirent encore une fois ensemble chez les Saburi.

Nobuko, cependant, qui les avait accueillis dans le salon, avait repris ses manières habituelles. C'étaient les garçons qui avaient changé. Kihara ne cessait de tripoter son crâne reluisant aux cheveux rasés d'un air gêné, et Kaneko, sa virginité perdue, se montrait un peu honteux devant la jeune femme.

Puis, jusqu'à l'été, les trois amis rendirent encore plusieurs fois visite aux Saburi. Nobuko était là chaque fois et restait avec eux, bavardant avec entrain après leur avoir offert du whisky ou de la bière.

« Que peut bien faire M. Ôsawa ces jours-ci ? En voilà un, en tout cas, qui était un cèdre ! »

Et de cela, en effet, personne ne pouvait plus douter. Tous les étudiants connaissaient son nom, et les journaux eux-mêmes ne l'avaient pas encore tout à fait oublié.

Ayuta était un peu jaloux chaque fois que Nobuko prononçait son nom, ce qui était fréquent.

A peine l'incident de Shanghai avait-il éclaté que Kaneko reçut son ordre de mobilisation. Lorsqu'il repartit d'abord à Nagoya, sa ville natale, Mme Saburi et Sadako accompagnèrent, sur le quai de la gare de Tôkyô, Kihara, Ayuta et tous les autres camarades du jeune homme pour lui faire leurs adieux.

Comme on n'en était qu'à la deuxième semaine de guerre, les adieux se faisaient encore dans une atmosphère de fête.

L'orchestre des étudiants jouait continuellement des airs militaires sur le quai de la gare. De l'avis de tous, Kaneko avait fière allure dans son uniforme d'étudiant, ceint d'une écharpe blanche.

« Vous avez l'air très brave, mais soyez raisonnable tout de même, lui dit Nobuko.

— Ne vous inquiétez pas, en réalité, j'ai toujours été très poltron, et par-derrière, je me fais tout petit, répondit Kaneko, puis il ajouta d'un air attendri : madame, portez-vous bien, et restez toujours dans la maison que vous habitez maintenant. L'hiver, vous vous enrhumez facilement, il faut que vous fassiez attention.

— On dirait vraiment que c'est moi qui pars », répondit en riant gaiement Nobuko, mais Ayuta trouva son ami très bien à ce moment-là. Même s'ils devaient se disputer Mme Saburi, se disait-il, au fond, ils n'étaient pas des ennemis.

Moins d'un mois après son départ, le soldat de deuxième classe Kaneko trouvait une mort héroïque dans la bataille de la Crique, dans la banlieue de Shanghai.

L'article sur la mort de Kaneko, rédigé de façon très détaillée par un envoyé spécial du journal *A.*, parut dans la rubrique des faits divers.

Désigné pour faire partie d'une mission sacrifiée, il s'était trouvé sous le feu de l'ennemi au moment où, après avoir traversé la crique, sa main droite venait de toucher l'autre rive. Il avait levé la main gauche deux fois très haut, avant de s'enfoncer dans l'eau sous les yeux des deux camps.

Kihara et Ayuta rendirent visite aux Saburi après avoir lu la nouvelle dans les journaux. Ils furent pour une fois introduits dans la pièce où se tenait habituellement Nobuko.

Sur le bureau de la jeune femme était disposée une petite photo de Kaneko entourée d'un crêpe. Dans le *tokonoma* [1] était suspendue une calligraphie que le jeune homme lui avait laissée le jour de son départ : « En l'été qui vient, ni mon sang ni ma sueur je ne dépenserai en vain. » Devant celle-ci brûlaient quelques bâtons d'encens.

Tout cela étonnait fort Ayuta. Que Kaneko ait laissé une photo de lui à Mme Saburi révélait également une autre facette de sa personnalité qu'Ayuta avait peine à imaginer. Il n'en éprouva cependant aucun ressentiment.

D'autre part, si Ayuta savait que Kaneko écrivait des haïkus, il n'aurait jamais cru ce garçon, d'un naturel plutôt nonchalant, capable d'écrire des vers aussi graves. Le sens de ce poème pouvait donner l'image du contentement de soi, mais Ayuta le comprenait à sa manière : il se demandait si l'amour que Kaneko vouait à Mme Saburi, tandis que ses camarades et

---

1. Renfoncement destiné à recevoir des objets décoratifs.

lui-même éprouvaient alors un sentiment lointain et sans consistance, n'avait pas été si violent qu'il n'avait voulu « dépenser ni son sang ni sa sueur en vain ».

Mme Saburi n'avait-elle d'ailleurs pas compris tout cela ?

Et lors de la soirée donnée à l'occasion du départ d'Eiko pour l'Europe, Kaneko n'avait-il pas, tout en prétextant le manque d'argent, choisi à dessein un cadeau tel que les petits gâteaux en forme de losange ? Cette sincérité de Kaneko, Ayuta ne la comprenait que maintenant, trop tard. Et cette façon de se débarrasser de sa virginité, elle aussi, était bien dans son caractère.

Ayuta ne put contenir le flot de ses larmes. Il pleura sans retenue pour son ami.

« Cela ne sert à rien de pleurer comme ça. Buvons plutôt au souvenir du cèdre nommé Kaneko », dit Nobuko qui fit apporter du saké par la servante.

Et, avec Sadako qui venait de rentrer, ils burent tous les quatre, devant la photographie de Kaneko, cet alcool qui ne pouvait les enivrer.

Cet automne-là, un tableau de Sadako fut sélectionné pour le Salon des beaux-arts de l'Académie impériale. Ayuta trouva le nom de la jeune fille dans la liste des peintres qui exposaient pour la première fois, et il se rendit au musée d'Ueno pour voir son tableau.

Celui-ci, exposé vers le milieu de la salle, représentait une vue latérale d'une maison de style occidental voisine de celle des Saburi.

Les amarantes plantées devant les murs du bâtiment gris cendre paraissaient par contraste d'un rouge flamboyant. Ce tableau aux douces tonalités reflétait bien le caractère calme de Sadako, qui gardait une attitude très réservée en toute occasion.

Ayuta fut interrompu dans sa contemplation par l'arrivée de Nobuko, accompagnée de Sadako. La beauté des deux femmes se remarquait de loin dans la foule des visiteurs, et attirait les regards.

« Alors, vous voilà vous aussi devenue un cèdre ? dit Ayuta à Sadako, qui répondit modestement :

— Pas encore, ou alors un tout petit peut-être… » mais tout en parlant ainsi modestement, elle continuait à regarder son tableau sans chercher à dissimuler son plaisir, restant en cela fidèle à elle-même.

Ce jour-là, Ayuta fit, pour la première fois depuis qu'il la connaissait, une promenade en tête à tête avec Mme Saburi, dans le parc d'Ueno. Sadako était partie de son côté, prétextant une visite de remerciement à faire à son professeur de peinture.

C'était une de ces journées paisibles et douces de l'arrière-saison. Ayuta, ébloui, marchait aux côtés de Nobuko, quand celle-ci lui dit :

« M. Kihara va peut-être partir pour l'Italie, dans le cadre d'échanges d'étudiants ; il est venu me l'annoncer il y a quelques jours. »

C'était la première fois qu'Ayuta entendait parler de ce projet.

« Alors peut-être lui aussi est-il un cèdre ?

— Oui, MM. Ôsawa, Kaneko, Kihara le sont tous d'une manière ou d'une autre…

— Et Mlles Sadako et Eiko aussi !

— Non, elles ne sont encore que des arbustes…

— Il ne reste donc plus que moi ?

— Que vous ?

— A être un *asunaro*…

— Mais vous n'êtes même pas un *asunaro*. Un *asunaro*, ça pense tous les jours : “Demain, je serai un cèdre.” Alors que vous, vous ne songez même pas à devenir quoi que ce soit. »

Et cela était vrai. Ayuta ne se demandait pas même ce qu'il allait devenir. Il ne faisait que vivre au jour le jour, paresseusement, de l'argent que ses parents lui envoyaient.

Même s'il se plongeait dans la lecture de livres de philosophie, cela ne suffirait pas à faire de lui un savant, ni même à lui assurer de quoi vivre.

Il n'avait pas non plus la moindre idée de ce qu'il ferait sa vie durant. Il fallait qu'il commence à rédiger bientôt son mémoire, mais il n'avait guère envie de s'y mettre non plus.

Il aimait beaucoup la manière dont Nobuko venait de s'exprimer à ce sujet : ne le ménageait-elle pas subtilement ? Elle semblait vouloir essayer de le défendre contre son propre sentiment d'infériorité.

A mi-pente du chemin qui les conduisait vers le boulevard, Nobuko ajouta :

« Mais tout de même, un homme qui ne fait rien, ce n'est pas très convenable, et puis pourquoi avez-vous toujours l'air aussi sombre ?

— Moi, j'ai l'air sombre ? » répondit Ayuta, surpris. Il n'avait pas conscience de donner une telle impression.

« Pourquoi ne partez-vous pas carrément à l'étranger, n'importe où ?

— A l'étranger ? D'abord, je n'ai pas d'argent.

— Oh, l'argent ! »

Et comme il s'étonnait à part soi de cette remarque, elle ajouta :

« Sadako dit qu'elle se marierait bien, si c'était avec vous ! Elle a l'impression que vous, vous comprendriez son travail. »

Ayuta leva la tête et regarda Nobuko. C'était la première fois qu'il la regardait ainsi, vraiment en face.

Il n'avait jamais songé jusqu'alors à comparer la force de l'attachement très particulier qu'il avait nourri pendant toutes ces années envers Nobuko aux sentiments que Kihara, Kaneko et Ôsawa avaient éprouvés pour elle, ne le considérant ni plus ni moins fort que les leurs.

Soudain, tout le comique de la situation lui apparut, irrésistible, et il partit d'un rire léger, qui se prolongea.

« Qu'est-ce qui vous arrive, vous êtes bien désagréable !

— C'est drôle !

— Qu'est-ce qui est drôle ?

— Oh, tout ! »

Dès qu'il put s'arrêter de rire, Ayuta prit congé de Nobuko sous un prétexte quelconque, et monta dans le premier tram qui se présenta, sans en vérifier la destination.

Ayuta reçut son ordre de mobilisation en décembre de cette année-là, alors qu'il venait enfin de s'atteler, sans grand enthousiasme, à la rédaction de son mémoire de fin d'études. Il se sentait surtout obligé d'écrire quelque chose, poussé, à deux mois de l'échéance, par le sentiment de la dernière heure.

Et tout à coup, une feuille de papier rouge le délivrait, l'envoyait dans un endroit où l'on était libéré de tout souci. Après avoir reçu sa feuille de route, il retourna dans sa chambre, prit la vingtaine de pages de l'essai qu'il avait commencé à rédiger et les déchira, avant de s'allonger sur les nattes de sa chambre.

Ayuta revendit le jour même à un brocanteur, pour presque rien, toutes les vieilleries qui s'étaient accumulées dans sa chambre, et envoya deux télégrammes, un à Hirosaki où se trouvaient alors ses parents et un autre dans son village de la péninsule d'Izu.

Il n'avait que trois jours pour rejoindre à Nagoya sa compagnie d'artillerie lourde. Il n'avait donc le temps ni de se rendre à Hirosaki, ni de retourner dans son village.

Il sortit, avec une bouteille de saké, pour aller voir Kihara. Celui-ci devait partir dès le printemps suivant étudier en Italie. Il était très occupé par la préparation de ce départ. Ce jour-là non plus, il n'était pas chez lui.

Ayuta attendit Kihara dans sa chambre pendant près d'une heure, en buvant du saké, avant de se décider à repartir. Comme il avait remarqué sur son bureau un vase contenant deux fleurs de chrysanthème d'hiver, il laissa la bouteille de saké encore aux trois quarts pleine à côté.

Une fois dehors, il prit tout naturellement la direction de la maison Saburi.

Il téléphona en route pour prévenir de son arrivée. Il n'avait pas revu Mme Saburi depuis le jour où ils s'étaient promenés ensemble au parc d'Ueno.

Comme le jour où les journaux avaient annoncé la mort de Kaneko, il fut introduit dans la pièce où se tenait Nobuko. Dans le petit jardin intérieur, le soleil brillait doucement sur quelques bambous.

« Alors, on est devenu soldat ? » dit Nobuko en entrant dans la pièce, avec un petit rire. Cette manière d'aborder le sujet plut beaucoup à Ayuta.

« Pas trop dur ?

— Vous ne m'accordez vraiment aucun crédit !

— C'est que vous venez de passer deux années bien paresseuses…

— Il m'est arrivé aussi de faire de la méditation zen ! » répondit Ayuta en regardant Nobuko bien en face. Jamais de sa vie il ne s'était senti aussi libre.

Et, sans trop de gaucherie, il ajouta :

« Un jour, vous m'avez dit que je n'étais même pas un *asunaro*, mais finalement, je pense que j'en suis un. »

Ce à quoi Nobuko répondit en riant, comprenant autrement ses paroles :

« Mais moi aussi, je suis un *asunaro* !

— Qu'avez-vous rêvé de devenir ?

— Quelque chose… »

Après un instant de silence, elle ajouta :

« Mais ça n'a pas marché, je ne suis qu'un *asunaro* ! » comme pour elle-même.

Ayuta crut remarquer sur le visage sans fard de Nobuko une certaine pâleur, due peut-être aux rayons de lumière provenant du jardin. Il se souvint du jour où elle s'apprêtait à sortir, très gaie, tandis que Kihara et lui-même arrivaient chez elle. Peut-être existait-il un certain rapport entre la jeune femme d'alors et le fait d'être un *asunaro*.

Sadako entra, apportant le thé.

« Voici encore un *asunaro* ! dit Nobuko, et elle demanda à la jeune fille : Sadako, prépare-nous du saké ! »

Elle regarda Ayuta, un éclair de malice dans les yeux :

« Peut-être devrais-je vous demander de m'écrire quelque chose… Non, ce n'est pas la peine. Non, il ne vaut mieux pas. »

Nobuko s'était sans doute souvenue du poème laissé par Kaneko : « En l'été qui vient, ni mon sang ni ma sueur je ne dépenserai en vain », et avait pensé que cela serait de mauvais augure.

Ce poème de Kaneko pesa soudain très lourd dans le cœur d'Ayuta. Et tout l'amour qu'il avait ressenti lui-même depuis ses années de lycée pour Nobuko devint insupportable et déborda : mû par une impulsion soudaine qu'il aurait été bien en peine de s'expliquer, il lança brusquement la main gauche en l'air, très haut.

Nobuko parut surprise de ce comportement, mais Ayuta répéta le même geste, lentement.

Mais il n'en était aucun autre, en cet instant, qui pût mieux exprimer son état d'esprit, que le dernier geste qu'avait fait Kaneko avant de s'enfoncer dans la crique. Ayuta resta longtemps assis, immobile. L'image de son ami disparu, les deux bras levés audessus de la surface de l'eau, dans la crique au flot tumultueux, resta longtemps gravée dans son esprit.

4

Feux follets de printemps

Après de longues études interrompues par sa vie de soldat, Kaji Ayuta fit ses débuts de journaliste dans un des plus grands quotidiens d'Ôsaka, le journal *R*. Ses nombreuses expériences pendant ses deux années de campagne sur le continent avaient beaucoup modifié sa façon de penser et de voir, sauf en un seul point : le sentiment qu'il éprouvait depuis de nombreuses années pour la veuve Saburi occupait toujours la même place dans son cœur.

Nobuko s'était remariée avec un homme assez connu dans le monde des affaires peu après la mobilisation d'Ayuta et son départ pour le continent. C'était la jeune sœur de Nobuko qui lui avait écrit la nouvelle, et Ayuta en prit connaissance juste avant un des nombreux assauts devant le fleuve Yang-Ting. Cette bataille fut horrible : jamais Ayuta n'en avait vu de semblable sur le continent.

Le lendemain, pendant que l'on faisait brûler les corps de ses camarades tués sur la grève, il se sentit complètement différent de l'homme qu'il avait été jusqu'à ce jour. Il n'était plus question de Nobuko. Son image avait tellement pâli, paraissait si insignifiante, qu'il trouvait même étrange qu'il ait pu s'en laisser posséder à ce point. Lui-même était encore vivant, et cela suffisait à l'émouvoir profondément. Toutes les occupations humaines sont sans espoir, mais c'est dans ce monde que l'homme doit vivre, et être vivant est la seule chose véritablement précieuse, telles étaient les pensées qui l'envahissaient. Le soleil de ce début d'automne chinois dispensait une lumière diffuse sur la surface du large fleuve. L'odeur et la fumée violette qui se dégageaient des corps calcinés passaient lentement au-dessus de l'eau. Ayuta pleurait maintenant à chaudes larmes, sous le choc de l'émotion qu'avait provoquée cette terrible journée à laquelle il avait survécu.

Cet épisode de sa vie aurait dû mettre fin à l'amour qu'Ayuta avait nourri pendant de longues années pour Nobuko, et avec lequel il avait lutté seul, sans jamais s'en ouvrir à elle. Mais il n'en fut pas ainsi.

Ce ne fut que pendant cette journée sur la berge du fleuve Yang-Ting que l'image de Nobuko lui parut petite et lointaine. Une fois de retour dans son pays, il lui sembla que l'ombre de la jeune femme, toujours cachée dans les replis de son cœur, le surveillait et l'observait en toute occasion comme elle l'avait toujours fait. Pourtant, il ne savait pas où se trouvait Nobuko depuis son nouveau mariage et n'éprouvait pas non plus le désir de la rencontrer ou de lui parler.

Il arrivait parfois à Ayuta de se sentir différent des autres jeunes gens. Les journalistes avec lesquels il travaillait s'agitaient beaucoup autour des filles telles que les serveuses de bar et les sœurs cadettes de leurs collègues, mais il lui était impossible de se joindre à eux. Son cœur ne pouvait s'enflammer de cette manière juvénile. Il avait beau faire, ces filles, comparées à Nobuko, lui paraissaient toutes misérables et souillées.

Le travail que faisait Ayuta l'intéressait beaucoup. Si la guerre n'avait absolument pas changé ses sentiments envers Nobuko, elle avait cependant rendu le jeune homme moins timoré. Depuis son retour du front, il était même devenu plutôt actif.

Le journal auquel il travaillait fourmillait d'*asunaro*. Tout le monde en était. Chaque jour était vécu d'une manière *asunaro*. La salle de rédaction était pleine de gens qui entraient et sortaient, l'air affairé, animés de l'esprit de compétition : « Demain, je décrocherai une exclusivité, demain, je leur ferai la nique, aux types des autres journaux ! »

Sans doute aussi parce qu'on était au début de la guerre, une sorte de *star system* s'était instauré, permettant à celui qui avait réussi à décrocher un article en exclusivité de le voir publié en bonne place, avec sa signature, dans la rubrique des faits divers. Les jeunes journalistes désiraient tous, sans exception, être envoyés sur le continent et dans le Sud pour y faire des reportages sur le front.

Ayuta fut affecté dès son arrivée au journal aux faits divers où on lui fit faire des travaux subalternes pendant un an. Dès la deuxième année cependant, on lui confia des affaires policières et on le traita comme un journaliste débutant à part entière.

Parmi la multitude de ses confrères plus âgés, il y en avait deux qu'Ayuta respectait beaucoup.

L'un était le rédacteur en chef de son service, Yamagishi Taizô, et l'autre Sugimura Harusaburô, que tout le monde appelait Harusan, mais qui, quoique plus âgé que le premier, végétait à ce jour dans un poste obscur.

Yamagishi, le rédacteur en chef, paraissait dès l'abord être le journaliste typique, un homme très énergique dont les journaux concurrents redoutaient l'efficacité à la rubrique des faits divers. Il était énorme, pesait près de quatre-vingts kilos ; il avait un tempérament coléreux et sa voix était caverneuse et profonde.

« Allez ! » rugissait-il simplement en direction des journalistes qui se trouvaient là quand un événement survenait.

Ayuta aimait cet homme quand il lançait ainsi son « Allez » et quand il agitait la sonnette annonçant une édition spéciale : c'était un homme simple, mais de son corps imposant émanait alors une puissance toute virile.

Lorsqu'on lui apportait les articles rédigés pour un numéro spécial, il les parcourait rapidement des yeux, puis, sans un regard pour les journalistes qui s'interrogeaient encore sur leur travail, il se levait lentement. Ensuite, il reculait de deux ou trois pas vers la grosse sonnette qui se trouvait derrière son siège, sur une colonne, et que personne d'autre n'avait le droit de toucher, et il pressait le bouton derrière lui, d'un geste de la main.

Cette sonnette électrique, qui donnait le signal de l'édition spéciale, résonnait dans la salle de rédaction, dans l'imprimerie et dans tous les services concernés. Soudain, le journal s'animait et toute une foule s'amassait devant le bureau de Yamagishi Taizô.

« Alors quoi ? Qu'est-ce qui se passe ? » Les questions des responsables fusaient de toutes parts.

Le visage de Yamagishi Taizô s'animait aussitôt et revêtait, contrairement à d'habitude, l'expression pleinement satisfaite d'un homme qui trouve sa raison d'être dans sa vie de journaliste.

C'était ce Yamagishi-là qu'Ayuta respectait, et il aurait aimé devenir un homme comme lui, capable de s'absorber totalement dans une occupation dans laquelle il trouverait sa raison de vivre. Il enviait à Yamagishi cette expression qu'il avait lorsqu'il pressait le bouton de la sonnette.

Sugimura Harusaburô, quant à lui, avait une personnalité diamétralement opposée à celle de Yamagishi. Quand Ayuta arriva au journal, ce fut Sugimura qui l'initia à son métier de journaliste. Il apprit beaucoup plus tard que ce travail, beaucoup moins astreignant que le travail habituel des journalistes, lui était attribué chaque année au printemps. « Un journaliste doit réussir un grand scoop dans sa vie. Ça suffit pour en faire un grand journaliste. Une exclusivité, ça ne vous tombe pas dessus tous les jours… Evidemment, un type qui n'arrive même pas à faire au moins un grand article… Mais ce n'est pas non plus la peine de devenir un de ces enragés de l'événement continuellement agités. »

Au journal, on appelait Sugimura Harusaburô « Harusan » ou « Harusan la Fête ». Mais « Harusan la Fête », on ne le disait jamais devant lui ; quand il était là, on l'appelait Harusan.

Le discours qu'il adressait aux nouveaux venus reflétait parfaitement sa personnalité et exprimait ce en quoi il croyait, ses rancunes et ses indignations.

Harusan vivait lui-même de la façon qu'il préconisait. Jamais on ne le voyait se précipiter dans toutes les directions. Depuis trente ans aux « faits divers », il était de beaucoup l'aîné de l'équipe, mais on ne le chargeait que des articles sur les incendies et les cérémonies ou fêtes qui avaient lieu dans les monastères bouddhiques et les sanctuaires shintô.

On ne lui avait pas attribué ce poste dès le début. Il aurait été très difficile de dire depuis quand, en raison de ses idées, de son caractère et de son attitude vis-à-vis de son travail, il en était arrivé tout doucement à cette situation.

Harusan était très grand, et il avait le front largement dégarni. Ses mouvements étaient lents et tranquilles, et ses paroles témoignaient toujours d'une grande générosité.

Fidèle à ses principes, on ne le voyait jamais s'agiter, quoi qu'il arrive. Quelle que fût l'importance de l'événement, jamais il ne se levait de son siège de lui-même. Mais pour le moindre incendie, il se mettait en route, lentement. Il inspectait en détail les lieux de l'incendie, et revenait au journal pour y écrire trois lignes.

Lorsqu'il y avait une fête dans un sanctuaire – et cela, Ayuta avait pu l'observer lui-même pour l'avoir maintes fois accompagné –, il allait passer une journée entière dans le bureau de ce sanctuaire pour donner des conseils aussi bien sur la manière de placer les cordes limitant les espaces que sur la façon de faire rentrer l'argent des offrandes. Il avait ainsi des journées bien remplies, et était devenu imbattable pour tout ce qui concernait non seulement les grands temples, mais aussi les petites chapelles d'*Inari*[1]. Il accueillait particulièrement bien ceux qui venaient lui demander conseil. Mais lorsqu'il revenait au journal, très tard le soir, il n'écrivait que trois ou quatre lignes. Et parfois, cela se réduisait même à une seule ligne : « Tel jour, fête dans tel sanctuaire. »

Harusan n'éprouvait pas de rancœur particulière à être traité de la sorte au journal. Simplement, il ne

1. Divinité du riz, aujourd'hui considérée comme le dieu des renards.

semblait pas avoir encore été confronté avec cet événement qui consacre, une fois dans sa vie, le grand journaliste, et Ayuta n'avait jamais entendu dire qu'il eût écrit un seul article en exclusivité.

Parmi la foule de ses aînés, Ayuta avait donc une considération particulière pour ces deux êtres. Il estimait que Harusan, à sa manière, était également remarquable. Et s'il éprouvait le désir de devenir un rédacteur en chef comme Yamagishi, il se demandait parfois s'il n'aurait pas autant de mérite à devenir un jour quelqu'un comme Harusan.

Pendant ses deux premières années au journal, Ayuta rendit souvent visite à Harusan. C'était en général lorsqu'il était découragé par son travail.

Le jour où une collision entre deux trains, dans la gare de X., fit de nombreuses victimes, il se rendit directement chez le vieux journaliste, près du parc de Sumiyoshi, sans songer à la longueur du trajet. Ayuta avait été incapable de soulever dans ses bras le conducteur du train, ensanglanté et agonisant, pour lui demander son nom, son âge et son adresse.

Une autre fois, il n'avait pas osé emprunter une photo à la famille d'une jeune fille qui avait été assassinée et, le lendemain, le journal rival, le *L.*, avait publié une magnifique photo de la victime. Ayuta comprit beaucoup plus tard que l'envoyé du journal *L.* s'était infiltré dans la foule de ceux qui venaient faire brûler un bâton d'encens et s'était incliné devant la photo de la défunte, exposée dans la maison pour la cérémonie funèbre.

Il y eut encore d'autres occasions où Ayuta ne fut pas à la hauteur de ce genre d'activité journalistique.

Selon Yamagishi Taizô, il avait manqué d'aplomb, mais Sugimura Harusaburô le consolait : « Ce n'est pas grave, laisse ça aux autres ! »

Quand il perdait confiance en ses capacités de journaliste, c'était toujours vers la petite maison de location sans étage qu'il portait ses pas.

Harusan était séparé de sa femme depuis une dizaine d'années et vivait avec sa plus jeune sœur qui répondait au nom un peu vieillot de Kiyoka.

Kiyoka était une jeune fille de vingt-deux ou vingt-trois ans qui ressemblait beaucoup à son frère, pour lequel elle éprouvait un grand respect et une profonde affection. Ayuta pouvait le voir lorsqu'il leur rendait visite à tous deux.

Un jour, Harusan fit une proposition inattendue à Ayuta.

« Dis donc, ça ne te dirait pas d'épouser ma sœur ? Elle est folle de toi. Et tu n'y perdrais pas non plus ! »

Ayuta ne put trouver de réponse immédiate à cette question. Car, si la façon de présenter la chose était bien dans la manière de Harusan, le ton n'était pas celui de la plaisanterie, mais de quelqu'un qui parle sérieusement.

« Il me semble que ce ne serait pas une mauvaise affaire, pourtant. »

Harusan semblait mécontent de voir qu'Ayuta n'acceptait pas tout de suite, avec joie, sans se faire prier.

Le jeune homme, qui ne pouvait risquer un refus trop direct, s'en tira sur le moment avec une vague excuse, et Harusan conclut :

« Bon, enfin, il n'y a rien de pressé. »

Comme le disait Harusan, ce mariage n'aurait certainement pas été une mauvaise affaire. Kiyoka était une jeune fille charmante, douce, et elle avait bon caractère. On ne pouvait dire qu'elle fût d'une grande beauté, mais quand elle riait, deux charmantes fossettes se creusaient sur ses joues.

Un soir, à la réunion amicale de printemps de l'équipe des faits divers, quelqu'un s'était amusé à taquiner Harusan, en récitant à la manière des contes anciens : « Harusan possède deux biens qu'il ne mérite pas ! » et sa sœur Kiyoka était l'un de ces deux biens.

Ayuta soupçonnait depuis quelque temps l'affection particulière que semblait lui vouer Kiyoka.

Lors des visites à Harusan, il avait déjà senti posés sur lui les yeux immenses de la jeune fille, et, un jour, il s'était trouvé assis seul en face d'elle au salon, en l'absence du journaliste ; elle avait alors paru légèrement hors d'elle-même, et chaque fois qu'il avait ouvert la bouche, elle était partie d'un rire un peu creux, fragile.

Il se passa encore ceci : un soir, Ayuta quitta la maison de ses amis particulièrement tard, après avoir bu du saké avec Harusan, et Kiyoka l'accompagna jusqu'à la gare de la ligne de chemin de fer national, qui se trouvait à trois cents mètres de la maison. Pendant ce trajet, elle ne dit pas un mot. Ayuta la quitta devant le guichet et alla attendre son train sur le quai, mais celui-ci avait pris une demi-heure de retard à cause d'une panne. Comme il faisait froid, Ayuta passa ces trente minutes à arpenter le quai. Quand il fut enfin monté dans le train, au moment où celui-ci se mettait en marche, il jeta par hasard un regard au-dehors et aperçut alors, à son grand étonnement, près de la palissade de la gare, la silhouette de Kiyoka, la bouche cachée derrière son écharpe et la figure obstinément tournée vers le train en marche.

Six mois environ après qu'il eût parlé de Kiyoka à Ayuta, Harusan fut brusquement muté et nommé correspondant du journal dans une petite ville de la région d'Okayama, dont il était originaire. De nombreux bruits contradictoires circulèrent au sujet de cette mutation. Mutation que Harusan espérait depuis longtemps, disaient les uns ; mesure prise par la direction, disaient les autres, pour se débarrasser de Harusan, et contre sa volonté.

Le principal intéressé, lui, restait muet. Il ne paraissait pas particulièrement satisfait, ni spécialement contrarié.

A ceux qu'il rencontrait, il se contentait de dire :

« Ce n'est pas si mal, vous savez, de jouer les journalistes à ses moments perdus tout en faisant le paysan et en veillant sur les tombes de ses ancêtres ! »

Deux ou trois jours avant le départ de Harusan, Ayuta rendit visite au journaliste malchanceux.

« Bon, tant pis, lui dit celui-ci, les hommes et les femmes, c'est une affaire de destin. S'ils ne sont pas faits l'un pour l'autre, tout l'amour qu'il peut y avoir entre eux ne les réunira pas. »

Cette déclaration, bien dans la manière de Harusan, visait, semblait-il, à clore le débat sur le projet de mariage.

Kiyoka était avec eux ce jour-là, un peu plus calme que d'habitude. Dans le salon encombré de paquets liés par des cordes, elle éplucha une pomme pour Ayuta, et, après avoir planté une petite fourchette dans chacun des quatre morceaux, elle les offrit au jeune homme.

Ayuta conserva longtemps le souvenir de cet instant. Le profil très simple et les doigts blancs sous lesquels s'allongeaient les pelures rouges lui paraissaient très beaux.

Il regrettait de ne pouvoir faire comprendre à ses amis qu'il était incapable d'aimer, non seulement Kiyoka, mais aucune autre femme. Malheureusement, s'il avait essayé d'expliquer ce genre de choses, il aurait passé pour un poseur.

En fait, si Saburi Nobuko avait été une reine, beaucoup d'autres femmes, et pas seulement Kiyoka, n'auraient été que des servantes. Nobuko avait tout, les autres n'avaient rien. Chez cette femme, même ce qu'il aurait dû appeler de la perversité lui apparaissait comme une précieuse qualité.

Et bien qu'il ignorât absolument où la détentrice de ces trésors s'en était allée et où elle se trouvait à présent, elle conservait néanmoins autant de pouvoir sur son cœur. A cause d'elle, toutes les autres femmes qui s'offraient aux yeux d'Ayuta étaient entièrement dépouillées de leur éclat. Et le jeune homme, prisonnier du charme de Saburi Nobuko, considérait Kiyoka comme une jeune fille ordinaire, semblable à tant d'autres.

Le jour de leur départ, Ayuta accompagna les Sugimura, avec plusieurs de ses collègues, jusqu'à la gare d'Ôsaka. On mobilisait alors beaucoup dans ce secteur-là et, dans la gare envahie par les mobilisés et ceux qui venaient leur dire adieu, la foule se bousculait. Ayuta et ses amis sentaient chez Harusan la tristesse de quitter une ville où il avait vécu si longtemps.

Ayuta travaillait au journal *R.* depuis trois ans lorsque Nobuko lui rendit visite à l'improviste, un jour de printemps.

« Vous avez une visite, Mme Yokomizo », lui annonça-t-on de la réception. Comme il ne se souvenait pas de ce nom, la jeune réceptionniste précisa, d'une voix plus basse :

« Une dame d'une trentaine d'années, et un monsieur d'une cinquantaine d'années, qui pourrait être son mari. »

Ayuta décida de les recevoir et sortit de son bureau pour les accueillir. Mais, à mi-chemin de l'escalier qui menait à l'étage inférieur, il jeta un coup d'œil en bas et s'arrêta aussitôt. Saburi Nobuko était là avec un homme à l'allure distinguée qui paraissait être son mari. C'était un couple splendide, des gens comme on n'en voyait guère à la réception du journal.

Pris d'une impulsion soudaine, Ayuta remonta vivement l'escalier. Puis, quand ils furent sortis de son champ de vision, il se demanda pour la première fois s'il devait rencontrer Nobuko ou non.

Sans doute avait-elle eu affaire à Ôsaka avec son mari. Elle s'était souvenue qu'on lui avait dit qu'Ayuta travaillait au journal *R.*, et elle était simplement passée voir un ami d'autrefois.

Elle le présenterait à son mari comme un jeune homme qui était souvent venu chez elle quelques années plus tôt, lorsqu'il était étudiant. Et de son point de vue à elle, ces paroles ne cachaient pas le moindre mensonge. Ayuta n'était en effet rien d'autre qu'un des garçons qui avaient entouré Nobuko autrefois.

Mais il n'en allait pas de même pour Ayuta. Il ne trouvait pas en lui assez d'assurance pour se présenter calmement, après ces années de silence, devant une femme qui avait été si longtemps et était aujourd'hui encore bien vivante dans son cœur. Finalement, Ayuta ne descendit pas plus bas et fit dire par le garçon de bureau qu'il était absent.

Ce soir-là, Ayuta visita plusieurs bars avec ses collègues et s'enivra. La vieille blessure s'était cruellement rouverte. Saburi Nobuko était toujours belle. Et son mari semblait être l'homme qu'il lui fallait, distingué, riche apparemment. Pendant qu'il échangeait les coupes de saké avec ses camarades, l'image du couple, debout dans le hall, venait parfois flotter devant ses yeux, éblouissante.

« Je crois que la passion que l'être humain est capable d'éprouver est fixée une fois pour toutes pour chacun, disait Ayuta. Moi, je l'ai dépensée tout entière pour une seule femme. J'ai l'impression que je ne peux plus aimer personne. »

Il parlait sérieusement, mais tout le monde se moqua de lui, et on l'empêcha de continuer.

« Ne dis pas de bêtises, chez moi, ça jaillit sans arrêt, sans jamais se tarir !

— Tu te prends trop au sérieux, les amours d'étudiant, ça ne compte pas ! »

Mais Ayuta restait persuadé qu'il avait épuisé toutes ses réserves de passion pour cette femme.

Ce soir-là, quand il rentra dans sa chambre, il trouva sur son bureau une lettre de Sugimura Harusaburô. C'était la première fois qu'il recevait des nouvelles du journaliste depuis qu'il avait quitté Ôsaka. A l'occasion des changements de saison, Ayuta, lui, n'avait jamais manqué d'adresser des cartes à cet aîné qui lui avait enseigné les rudiments de son métier.

Dans cette petite ville de montagne, il y a de quoi rédiger un ou deux articles par semaine pour l'édition locale, et un article tous les deux ou trois mois pour l'édition nationale. Il est bien vrai que ce n'est guère qu'en ville qu'un journaliste peut faire un travail digne de ce nom. Donne-moi de temps en temps des nouvelles d'Ôsaka. Ici, rien qui vaille la peine d'être raconté. Si ce n'est que, dans la montagne toute proche, on peut voir presque tous les soirs les feux follets que les paysans attribuent aux renards émissaires des dieux. J'ai écrit quelques haïkus sur le thème : « feux follets de printemps ».

Ayuta lut ces quelques nouvelles assis sur son bureau, chancelant de fatigue sous l'effet de l'alcool. Une poignante nostalgie l'envahit, à la pensée de son aîné, ce collègue malchanceux qu'il n'avait pas vu depuis si longtemps. L'alcool, ajouté à ce qui s'était passé l'après-midi avec Saburi Nobuko, le rendait faible et sentimental. Un jour comme celui-là, si Harusan avait encore été à Ôsaka, il serait certainement allé le voir.

Tandis qu'il parcourait une nouvelle fois la lettre des yeux, une idée germa dans son esprit embrumé.

« "Les feux follets de printemps", ça pourrait faire un article ! » Si Harusan avait dit vrai, il suffisait de prendre des photos, d'y ajouter quelques explications, et cela donnerait un article très convenable.

Le lendemain, au cours d'une réunion de l'équipe, Ayuta mentionna les « feux follets de printemps » de Harusan.

« Mais c'est très bien, ça ! s'écria le rédacteur en chef, Yamagishi Taizô, les yeux brillant aussitôt d'intérêt.

— Vas-y, Ayuta.

— J'emmène un photographe.

— Oui, bien sûr !

— On ne pourrait pas demander l'article à Harusan ? »

Ayuta désirait faire écrire au vieux journaliste un article qu'il signerait de l'envoyé spécial Sugimura.

« Il écrit tellement mal…

— Je l'aiderai. »

Ayuta s'était acquis une certaine réputation pour les chroniques.

Le soir même, après avoir envoyé un télégramme pour prévenir de son arrivée, il prenait le train avec un jeune photographe du journal, pour se rendre dans la ville natale de Harusan, dans les montagnes du Chûgoku.

Curieusement, aller voir des feux follets convenait parfaitement à son humeur du moment. Il n'en avait encore bien sûr jamais vu. Il avait passé son enfance dans les montagnes de la péninsule d'Izu, mais il n'avait jamais entendu parler de feux follets dans cette région-là.

« C'est vrai que si on arrivait à prendre des photos, ça ferait un fameux papier ! »

Le jeune journaliste à l'aspect enfantin était tout excité par son premier déplacement.

« Je vais prendre des photos fantastiques ! Des photos qui vont en boucher un coin au lecteur ! »

Il avait fermé les yeux, mais n'arrivait pas, apparemment, à s'endormir.

« Ça t'intéresse de prendre des photos de feux follets ?

— Personne n'a encore réussi à le faire, non ? »

Encore un *asunaro*, se dit Ayuta, en considérant le jeune photographe avec bienveillance.

Comme il l'avait déjà annoncé à Yamagishi Taizô, Ayuta avait l'intention d'envoyer l'article sous le nom de Harusan. Car il pensait que ce serait peut-être le meilleur de tous ceux que le vieux journaliste aurait écrits pendant sa longue carrière, et il désirait dans la mesure de ses modestes moyens aider au moins une fois Harusan à faire s'épanouir les dernières fleurs de son talent.

En ce qui concernait Ayuta, le seul fait d'aller recueillir des renseignements sur les feux follets suffisait à le rendre heureux. La vue des petites lueurs qu'il imaginait bleues allégerait peut-être un peu la tristesse qui l'avait envahi depuis la visite de Saburi Nobuko.

Le lendemain vers midi, les deux hommes, après avoir pris la ligne S. qui traverse la chaîne des montagnes du Chûgoku, descendirent du train dans la petite gare de montagne et arrivèrent devant la maison de Harusan, située un peu à l'écart du bourg. Harusan avait beaucoup vieilli depuis la dernière fois qu'ils s'étaient vus. Peut-être aussi donnait-il cette impression parce qu'il n'était pas obligé, dans ce poste de province, de porter le complet-veston.

« Alors, te voilà, Ayuta ! Et on t'envoie faire des reportages, toi qui ne pouvais gribouiller le moindre papier ! »

Harusan s'animait comme un vieux maître heureux de voir son élève devenu professeur d'université.

Ayuta et le photographe se reposèrent dans le petit salon jusqu'au soir. Ils n'avaient pas assez dormi la veille et les longues heures passées dans le train ainsi que les nombreuses correspondances les avaient épuisés.

Lorsqu'ils se réveillèrent, la lumière du crépuscule de printemps commençait à envahir le jardin intérieur, petit mais bien soigné, dont Harusan tirait quelque fierté.

Lorsqu'il eut ouvert les yeux, Ayuta resta quelque temps couché, à contempler le jardin intérieur par les portes vitrées. Dans un coin fleurissaient deux cerisiers blancs d'une variété rare à Ôsaka.

Harusan et Kiyoka, pendant ce temps, tout à leur joie de recevoir des visiteurs de la ville, ce qui ne leur arrivait pas souvent, étaient engagés dans une conversation animée dans la cuisine d'où parvenaient en même temps des bruits de casserole indiquant une grande activité.

Le soir, la table se trouva chargée de mets. Le saké de la région était excellent. Harusan et Ayuta burent beaucoup, au point de s'enivrer. Mais le jeune photographe, qui ne voulait pas boire avant de travailler, ne toucha pas à sa coupe.

« Mais dis donc, c'est la première fois que tu te maquilles depuis que nous sommes ici, lança Harusan à sa sœur pour la taquiner, mais Kiyoka, avec sa simplicité coutumière, répondit sans aucun embarras :

— Tiens, c'est vrai, c'est la première fois ! »

A neuf heures, Ayuta et le photographe, guidés par Harusan, s'engagèrent dans le sentier qui passait derrière la maison pour se rendre dans la montagne. Les cailloux, roulant sous les pieds, rendaient la marche un peu pénible, mais ils ne ressentirent pas de réelle difficulté. Ils avançaient tous les trois tranquillement dans la nuit printanière, et s'arrêtaient de temps à autre pour jeter un coup d'œil vers la cime des arbres plantés le long du chemin.

« Ça aussi, ce sont des cerisiers. Ils doivent être beaux en plein jour. »

Harusan attirait l'attention de ses compagnons sur les cerisiers en fleurs et faisait remarquer combien ils étaient nombreux sur ce sentier de montagne.

Après dix minutes de montée, ils parvinrent à un endroit plat, au dos d'une petite colline.

« Arrêtons-nous là, dit Harusan. Je pense que c'est le meilleur endroit pour les voir. Normalement, ils doivent apparaître alignés sur un rang. »

A ces mots, Ayuta et le photographe s'assirent à côté de lui.

Les feux follets se montraient apparemment à une distance de deux kilomètres environ, à mi-pente de la montagne opposée.

« D'habitude, il paraît qu'on les voit en plein hiver. Cette année, allez savoir pourquoi, c'est au printemps. Même les gens du village s'en étonnent. »

Devant eux, le terrain descendait en pente douce. Il y avait très peu d'arbres sur ce versant dont la plus grande partie était recouverte d'herbe ; le bambou nain y paraissait abondant aussi.

Plus bas passait la ligne de chemin de fer par laquelle ils étaient arrivés. Selon Harusan, à part les lignes de chemin de fer de Hokkaidô et du haut plateau de Shinano, c'était une des plus élevées du Japon.

« Regardez, les voilà ! » s'écria Harusan.

Les deux autres tournèrent leurs regards vers la montagne, et virent effectivement plusieurs dizaines de petites lumières, semblables à celles que diffusent les lanternes de papier, alignées comme les grains d'un chapelet.

« C'est magnifique, s'exclama le photographe.

— Les renards vont nous jouer un tour, si vous dites des choses pareilles », remarqua Harusan, heureux de voir que les feux follets s'étaient montrés ce soir-là.

En les voyant, on n'avait pas l'impression qu'il s'agissait de feux follets. L'atmosphère paisible qui les entourait évoquait plutôt une soirée au cours de laquelle les trois hommes seraient venus regarder un feu d'artifice.

« C'est vraiment des feux follets, ça ? demanda le photographe, incrédule.

— Qu'est-ce que ça pourrait être d'autre, à cette heure-ci, dans un endroit pareil, un si grand nombre de lumières ? »

De temps à autre, le photographe appuyait sur le déclencheur.

« A cette distance et avec une aussi faible luminosité, on n'aura pas de bonnes photos.

— Il suffit d'avoir une idée. Une photo trop nette serait bizarre. Ce sont des feux follets… »

Tout en écoutant Harusan et le photographe échanger ces paroles, Ayuta contemplait la procession des feux follets, lointains, hors de ce monde. Ils n'étaient pas bleus, mais d'une couleur assez chaude tirant sur le rouge.

En regardant bien, on s'apercevait que ces feux follets alignés sur un rang se déplaçaient légèrement, et émettaient une lueur d'une intensité variable, tantôt plus forte, tantôt plus faible.

Ce spectacle n'avait rien de sinistre ; il en émanait une curieuse impression de netteté et, en définitive, de tristesse.

« Bon, ça suffit comme ça », décida Harusan, et tous trois se levèrent.

Une fois de retour, avec le sentiment d'avoir achevé leur travail, ils se remirent à boire. Quand ils eurent atteint un certain degré d'ivresse, Ayuta eut envie de ressortir. Il laissa Harusan et le photographe poursuivre leur conversation animée et enfila des socques de bois pour sortir par le jardin intérieur. Il reprit, seul cette fois, le sentier que les trois hommes avaient suivi ensemble quelques heures auparavant. Il y avait du vent, mais il ne faisait pas froid. L'air doux de la nuit de printemps flottait sur les alentours.

Ses jambes tremblaient un peu. Il arriva sur la colline mais les feux follets qu'il avait vus précédemment s'étaient éteints. Pendant une dizaine de minutes, il resta assis au sommet, mais aucun chapelet de petites lumières ne s'alluma sur la montagne opposée.

Ayuta se leva, mais dut se rasseoir aussitôt ; après avoir gravi la montagne, il ressentait plus fortement l'ivresse, tout à coup, et ce n'étaient plus seulement ses jambes qui tremblaient, mais tout son corps qui chancelait.

Soudain, il crut entendre des voix chanter gaiement. Elles paraissaient joyeuses, animées, comme si quelque part, non loin, des gens avaient été en train de danser la danse du Bon.

Mais ce n'était en réalité qu'une impression, et il n'y avait aucune raison pour que de telles voix parvinssent à son oreille à un tel endroit.

Ayuta prêta encore plusieurs fois l'oreille afin de s'assurer qu'il avait bien entendu quelque chose.

Il se leva et commença à descendre la pente douce vers l'endroit où passait la ligne de chemin de fer.

En une dizaine de minutes, il était descendu assez bas pour discerner dans la lumière diffuse les deux rails courant dans l'ombre.

Il s'aperçut qu'il était au-dessus d'un tunnel et descendit encore. L'étroit sentier qui longeait les rails contournait le pied de la colline, et de l'autre côté la pente devenait plus abrupte.

Ayuta entendit soudain une voix féminine et s'arrêta. Au moment de se retourner, il vit une silhouette de femme s'avancer vers lui dans la pénombre. On aurait dit une jeune fille retournant seule chez elle après avoir quitté le cercle de danse.

Elle s'approcha d'Ayuta, et lui dit en se serrant contre lui :

« Je vous ai cherché partout… »

Son attitude était telle qu'elle lui parut soudain très proche.

Il s'aperçut qu'il la tenait dans ses bras. Son odeur se mêlait au frais parfum de la nuit printanière.

La femme, qui avait passé sa main autour du cou d'Ayuta, attira son visage vers le bas. Ses lèvres touchèrent la joue du jeune homme. L'instant d'après, Ayuta pressait ses lèvres contre celles de la femme.

Tenant toujours la femme dans ses bras, il s'allongea dans l'herbe. Ils étaient au pied de la colline, à moins d'un mètre de la voie ferrée. Il pouvait sentir, tout le long de son corps, la douceur des herbes sauvages.

Ayuta renforça la pression de ses bras autour de la jeune femme. Elle balbutia quelques mots qu'Ayuta ne comprit pas bien.

Tout près de là, des fleurs exhalaient un parfum enivrant. Le corps féminin, pour lui, était une expérience nouvelle. Ce n'était pas ce qu'il avait imaginé depuis toujours, quelque chose de noir, de liquide et de collant. Ayuta ne comprenait pas ce qui lui arrivait : il y avait eu soudain, entre cette femme et lui, quelque chose d'extraordinairement naturel. Un grand bouquet de fleurs s'était épanoui brusquement entre eux, et ils s'en étaient enivrés ensemble.

Surpris par le grondement furieux d'un train, Ayuta se releva. La femme aussi semblait s'être levée. Il sentit qu'il courait dans la direction opposée à celle qu'elle avait prise. Il traversa les rails. Deux ou trois cailloux allèrent rouler tout en bas, projetés par sa course. Ils tombaient, tombaient, dans un grand fracas, indéfiniment.

Ayuta descendit la pente en trébuchant. Quand il eut trouvé un endroit plat, à mi-pente de la colline, il se laissa tomber sur le sol.

Le feu rouge d'une locomotive passa au-dessus de sa tête, fonçant dans la nuit avec une puissance extraordinaire. Puis les wagons de marchandises défilèrent, longuement.

Après le passage du train, Ayuta remonta en rampant jusqu'au remblai. La femme avait disparu. Quand il vit qu'elle n'était plus là, Ayuta se souvint que lorsqu'il avait traversé les rails un moment plus tôt, il avait entendu les pierres rouler longtemps, indéfiniment.

Il se souvint que ces pierres avaient fait alors un peu le même bruit qu'aurait pu faire un masque, par exemple, en dévalant une pente.

« Le masque de la renarde[1] ! »

Ayuta, soudain inquiet, se mit à courir. Il traversa encore une fois les rails, monta au-dessus du tunnel, puis courut le long de la pente couverte de bambous nains.

Une fois dans le jardin de Harusan, il aperçut celui-ci installé avec le photographe devant un jeu d'échecs. Ils lui parurent baigner dans une lumière éblouissante.

Il resta quelque temps assis, sans les appeler, sur le bord de la véranda, le regard tourné vers les plantations du jardin.

Il était encore essoufflé de sa course.

Ayuta était incapable de porter aucun jugement sur l'événement qu'il venait de vivre. Il ne pouvait y avoir de danse du Bon en cette saison. Un seul fait était clair : quelque chose de très surprenant venait d'arriver, qui s'était précipité sur lui avec une soudaineté à la fois foudroyante, invraisemblable et pourtant très naturelle.

Ayuta ne parla de cette histoire à personne. Le lendemain matin, il retourna avec le photographe à Ôsaka, après avoir passé la nuit chez Harusan.

L'après-midi de ce même jour, le photographe vint le trouver, et lui dit en baissant un peu la voix :

« J'ai développé le film, mais rien ne sort !

---

1. Le (ou la) renard(e), dans les contes populaires, s'amuse parfois à tromper les hommes en prenant l'aspect d'une jolie femme.

— Rien ne sort ?

— Vraiment. Rien de rien. »

Le visage du jeune photographe reflétait une certaine inquiétude.

« Pas de photo, pas d'article !

— Oui, c'est bien ce que je me disais, mais... il n'y a rien à faire. »

Ayuta était découragé. Partir si loin pour un reportage, et ne pas pouvoir en tirer même un article d'une ligne, ce n'était pas du travail sérieux.

Il n'y eut finalement pas d'article sur les feux follets de printemps.

Quatre ou cinq jours plus tard, Ayuta entendit dire qu'au journal on avait surnommé le jeune photographe « p'tit renard ».

Pour Ayuta, cependant, l'incident des feux follets fut un événement marquant dans sa vie. Tout d'abord, la nature de la femme rencontrée ce soir-là restait une énigme : était-elle vraiment un être humain, ou une renarde ? Et si c'était une femme, qui pouvait-elle être ? Ensuite, Ayuta put enfin, grâce à cet incident, se détacher du fantôme de Saburi Nobuko, qui l'avait hanté pendant si longtemps.

Comme on dit qu'une âme est délivrée du démon, le cœur d'Ayuta s'était délivré de Saburi Nobuko.

Pour la première fois de sa vie, il se sentit capable de prendre sa place dans le monde où évoluaient les autres jeunes gens. Ce que la guerre même n'avait pu faire, la rencontre avec la femme l'avait réussi, et très facilement.

Désormais, Saburi Nobuko ne serait plus qu'une femme qu'il aurait aimée très longtemps, autrefois.

Ce fut un an environ après l'histoire des feux follets de printemps que Harusan fut victime d'une hémorragie cérébrale.

Ayuta l'apprit, mais ses occupations l'empêchèrent de rendre aussitôt visite au malade. Lorsqu'il retourna voir Harusan, dans sa maison cachée au fond des montagnes, un an après sa première visite, il était alité depuis un mois.

Le malade avait les jambes et les bras paralysés. Il lui était presque impossible de parler, et on avait beaucoup de mal à le comprendre.

Kiyoka s'était mariée à l'automne précédent avec le fils aîné d'une famille aisée d'un village voisin ; elle était revenue s'occuper de son frère lorsqu'il était tombé malade.

« C'est bien, lui dit Ayuta, vous vous êtes mariée dans une bonne famille.

— Je mange à ma faim, c'est tout. Les paysans, ce n'est pas grand-chose, finalement. Et une femme de paysan, si elle n'est pas paysanne elle-même… » Kiyoka ne paraissait ni détester sa nouvelle vie, ni l'apprécier vraiment. Comme elle ne pouvait s'absenter trop longtemps, il était convenu qu'elle retournerait chez elle dès qu'elle aurait trouvé quelqu'un pour s'occuper de son frère.

« Venez me voir un jour. Il y a des feux follets dans mon village aussi, vous savez ! Et cette fois, vous réussirez sûrement à prendre des photos ! »

Puis elle ajouta, en riant doucement, et d'un air plein de sous-entendus :

« Vous courez bien vite, quand vous fuyez !

— Je fuis… ?

— Surpris par le train… »

Ayuta, interdit, fixa le visage de Kiyoka. C'était donc elle !

« Mais vous aussi, vous avez fui, non ?

— Non, moi j'ai seulement couru dans l'autre direction. Si nous avions couru dans la même direction… Je pense souvent à cela. Mais en ces occasions, vous savez, c'est une divinité qui nous montre la voie. Qu'y faire ? C'est la vie… »

Ce fut tout ce que Kiyoka dit à propos de ce soir-là, et Ayuta n'en parla pas davantage. Harusan s'en fut dans l'autre monde trois mois plus tard. Quand la section locale envoya au journal l'article sur la mort du vieux journaliste, Ayuta ajouta quelques lignes plus personnelles avant de le faire paraître.

5

Un combat douteux

Kaji Ayuta rencontra pour la première fois Sayama Chôsuke la nuit où l'on procéda, au monastère Enryakuji du mont Hiei, à la cérémonie dite *Saitô goma*. Tous deux étaient journalistes à la rubrique des faits divers, l'un au journal *R.* et l'autre au journal concurrent, le journal *L.* Le but de la cérémonie consistait à obtenir la reddition de l'ennemi. Le conflit sino-japonais s'était engagé dans une impasse et la population commençait enfin à en prendre vaguement conscience. On remarquait de plus en plus souvent, dans les déclarations des dirigeants aussi bien que dans la presse, des expressions telles que « guerre de longue durée » ou « guerre de cent ans ».

Le *Saitô goma* consistait à faire des prières et à mettre le feu à un bûcher dressé au sommet du mont Hiei pour demander la victoire. C'était une cérémonie grandiose que l'on n'avait plus observée depuis plusieurs dizaines, voire plusieurs centaines d'années, même dans l'école bouddhique de Tendai.

L'après-midi de ce jour-là, Ayuta passa au siège du journal, à Kyôto, et y prit ses dispositions pour envoyer plus tard à Ôsaka son article et les photos qui l'accompagneraient. Puis, le soir venu, il partit pour le mont Hiei avec un photographe du journal.

Ils prirent d'abord le tramway jusqu'à Yase, puis le funiculaire jusqu'au mont Shimei. Le tram et le funiculaire étaient tous deux remplis de gens désireux d'assister à une cérémonie aussi exceptionnelle.

Le funiculaire ne cessait de faire l'aller et le retour et accomplissait beaucoup plus de voyages qu'à l'ordinaire, mais il semblait impossible que la foule qui continuait à s'amasser au pied de la pente parvînt tout entière au sommet.

C'était un soir de début d'été. Du mont Shimei jusqu'au Komponchûdô, Ayuta marcha de compagnie avec un jeune moine dont il avait fait la connaissance dans le funiculaire. Comme il ne savait rien des prières qui allaient être dites, il profita du trajet pour poser des questions au jeune moine.

Celui-ci lui expliqua qu'il s'agissait d'une cérémonie rituelle du bouddhisme ésotérique qui consistait à conjurer les bouddhas en allumant un feu.

« Bref, on amasse du bois coupé dans la forêt, et on dit les prières *goma*, en s'adressant principalement à Fudômyôô [1]. Plus que l'effet réel de ces prières, ce qui compte davantage peut-être, c'est que cette cérémonie remonte le moral de la population », conclut le jeune moine grand et svelte.

Ils étaient maintenant au sommet de la montagne, mais ils ne pouvaient apercevoir le lac Biwa. La nuit était tombée et le ciel s'était couvert.

Ayuta se rendit au bureau du Komponchûdô et réserva une heure pour transmettre par téléphone son article à Kyôto, puis il resta là à attendre. Peu avant huit heures, heure prévue pour le commencement de

1. Divinité bouddhique qui règne par la terreur et les supplices, et a le pouvoir de déjouer les embûches des démons.

la cérémonie, les reporters de tous les journaux de Kyôto et d'Ôsaka arrivèrent en même temps dans le bureau où régna soudain une grande animation. Plusieurs d'entre eux ne lui étaient pas inconnus.

Le feu devait être allumé au sommet du Shimei, à une centaine de mètres du Komponchûdô. Les préparatifs n'étaient pas encore terminés et on annonçait un peu de retard.

Les journalistes tournaient en rond dans le bureau et attendaient en fumant. Seuls ceux de la radio, qui devaient assurer la diffusion nationale en direct, s'agitaient, l'air préoccupé.

« Tiens, remarqua quelqu'un, le type de *L.* n'est pas là ! » Et Ayuta se rendit compte alors qu'il ne l'avait effectivement pas encore vu.

« Il n'a pas pu prendre le funiculaire et monte à pied », ajouta un autre, ce qui fit rire tout le monde. Ayuta lui-même devait reconnaître que, quelle qu'en fût la raison, l'absence d'un concurrent lui faisait plutôt plaisir.

A neuf heures, la procession s'ébranla enfin vers le sommet avec une heure de retard. Les moines officiants marchaient en tête, suivis d'une foule d'autres moines. Le feu fut mis une vingtaine de minutes plus tard au bûcher dressé un peu à l'écart, sur une pente douce proche du sommet. Ayuta retourna alors aussitôt au bureau en courant presque tout le long du chemin, dans l'obscurité. Au mieux, il lui faudrait au moins dix à quinze minutes pour rédiger son texte qui devrait ensuite être retransmis par téléphone de Kyôto à Ôsaka. Il avait donc besoin d'un peu de temps supplémentaire.

La réservation téléphonique de huit heures trente n'avait servi à rien puisque la cérémonie avait commencé en retard. Après s'être précipité dans le bureau et avoir pris une nouvelle réservation, en tenant compte du temps qu'il lui faudrait pour terminer son article, il s'installa à une table inoccupée de la pièce déserte.

La porte s'ouvrit au moment où il prenait son crayon. Un jeune homme du même âge que lui à peu près, de vingt-sept ou vingt-huit ans, petit, au teint pâle, entra et demanda :

« Où se passe la cérémonie ? »

Quand Ayuta le lui eut expliqué brièvement, il dit encore, après un moment de réflexion :

« Finalement, il ne s'agit que de dresser un bûcher auquel on met le feu…

— C'est ça, oui.

— Bon, pas la peine d'y aller, alors. »

Puis il regarda dehors, par la fenêtre, et ajouta comme pour lui-même :

« On ne voit rien d'ici. » Il s'éloigna de la fenêtre, alluma une cigarette et, très calmement, demanda la communication avec Kyôto, qu'il obtint en cinq minutes.

Avant de prendre l'appareil, il demanda à Ayuta :

« Ça a commencé à quelle heure ?

— Neuf heures.

— Les officiants ? »

Ayuta s'apprêtait à lui en donner la liste lorsqu'il l'interrompit :

« Ça va. C'est marqué là. »

En suivant le regard du journaliste, Ayuta aperçut pour la première fois une affiche, dans un coin de la pièce, où étaient indiqués en grands caractères le nom des principaux officiants ainsi que leur rôle dans la cérémonie.

Le reporter prit le téléphone et lança d'une voix précise :

« Le journal *L.* de Kyôto ? Ici Sayama. Voici mon texte. » Ayuta n'avait encore écrit que dix lignes du sien. Sayama Chôsuke, c'était donc lui, se dit-il en considérant encore une fois le jeune homme.

Il avait déjà entendu parler d'un Sayama, du journal *L.*, transféré un mois auparavant de Tôkyô à Kyôto, mais c'était la première fois qu'il le rencontrait. Il avait cependant déjà lu plusieurs choses de lui. Tous les articles un peu importants de la rubrique « culture » paraissaient en effet lui être confiés, et, depuis son arrivée, grâce à son travail, les colonnes des faits divers étaient devenues plus vivantes.

« Ce Sayama, ça a l'air d'être quelqu'un », murmurait-on dans l'entourage d'Ayuta. Mais c'était lui qui connaissait le mieux ce journaliste parce qu'ils étaient tous deux chargés de couvrir le même terrain. Tous ses articles dénotaient une acuité et un talent particulièrement saisissants.

Ayuta était surtout frappé par l'aspect de cet homme. Son teint était si pâle et il avait l'air si jeune qu'on l'aurait facilement pris pour un étudiant ; ses lèvres rouges et la finesse de ses doigts renforçaient cette impression.

« Je me trouve au sommet du Shimei pour observer le déroulement de la cérémonie très ancienne que l'on appelle *Saitô goma*, cérémonie à laquelle on procède pour obtenir la reddition de l'ennemi, et qui a lieu au monastère Enryakuji de la secte Tendai. En cette soirée de début d'été, le temps s'est dégagé fort à propos, vers huit heures, heure prévue pour le commencement de la cérémonie, et le ciel est maintenant parfaitement clair. A notre gauche, très loin, tout en bas, luit faiblement le lac Biwa, tandis qu'à notre droite brillent les froides lumières de Kyôto. »

Là, Sayama reprit son souffle et alluma une cigarette avant d'annoncer :

« Bon, ça, c'était l'introduction. Maintenant, j'entre dans le vif du sujet : en ce jour, telle année de l'ère Shôwa, tel mois, tel jour, au monastère du mont Hiei… »

Parfois, il se taisait un instant pour tirer une bouffée de sa cigarette. Puis il ouvrait de nouveau la bouche, et plusieurs lignes s'écoulaient. Rien ne manquait de ce qui devait être dit. C'était horrible à entendre.

Ce type était un individu haïssable, mais aussi quelqu'un de trop fort pour Ayuta. Le profil de Sayama au téléphone donnait l'impression qu'il concentrait toutes ses facultés cérébrales pour rédiger l'article dont tous les éléments étaient d'abord rassemblés dans son cerveau, puis triés un à un avec la plus grande dextérité, pour ensuite être communiqués oralement.

Bien sûr, il peut arriver à n'importe quel journaliste de bâcler un article préparé à l'avance, mais on ne trouvait dans celui-ci ni les rudesses de ton ni les approximations dont sont habituellement truffés les articles de ce genre.

Ce qui sortait de la bouche de Sayama était presque entièrement vrai. Tous les détails étaient véridiques, aucun n'était inventé : les spectateurs qui étouffaient de chaleur, le visage des moines en train de lire les écritures et dont l'expression ressemblait, à la lueur des flammes, à celle de Fudômyôô. Tout ce que décrivait Sayama Chôsuke, Kaji Ayuta l'avait observé de ses propres yeux sur le terrain.

« Les flammes écarlates qui rougissent les cimes du Shimei et la fumée violette s'élèvent très haut vers Chungking » fut la conclusion, un peu affectée peut-être, de cette longue dictée.

Dès qu'il en eut terminé avec le téléphone, Sayama Chôsuke se retira dans le fond de la pièce pour y boire tranquillement une tasse de thé qu'il s'était fait apporter par une vieille femme.

C'est alors seulement que les autres journalistes arrivèrent tous ensemble et que le bureau s'anima brusquement. Toute cette agitation parut bien vaine à Ayuta.

Sayama fut le premier à s'en aller.

Ayuta eut l'occasion d'échanger quelques mots avec Sayama Chôsuke peu après. Cet homme était son rival le plus dangereux. En ce qui concernait la rédaction des articles, en général, ils étaient à peu près à égalité, mais dès qu'il arrivait un événement de quelque importance, Ayuta était toujours perdant. Il se faisait battre à plate couture, sans merci.

Sayama était différent des autres journalistes. Il ne paraissait pas avoir d'ami intime, et quel que fût le lieu où on le rencontrât, il était toujours seul. Et pourtant, plutôt que de la solitude, se dégageait de cet homme une impression de grande énergie.

« Alors, ça marche ? »

Sayama interpellait toujours Ayuta ainsi, familièrement, quand il le rencontrait en ville. Mais ses yeux désavouaient au même instant l'amabilité de ses paroles et le repoussaient froidement. Cette expression de son regard n'était d'ailleurs pas réservée au seul Ayuta mais s'adressait à tous. C'était peut-être surtout cette attitude qui l'empêchait de se faire des amis.

Le père de Sayama Chôsuke était un amiral en activité. Il semblait vivre dans une grande aisance et arborait toujours une tenue très soignée. Une certaine dureté naturelle, la bonne éducation – qu'on pouvait aussi prendre pour de l'arrogance – d'un fils cadet de bonne famille, donnaient une sorte de beauté au visage très pâle de cet homme.

Dès l'automne qui suivit la cérémonie *Saitô goma*, Ayuta commença à se heurter constamment à Sayama Chôsuke, clairement devenu un ennemi redoutable.

Un jour parvint la nouvelle de Tôkyô que Kakegawa Sanae, un artiste renommé dans le monde de la peinture japonaise, ne participerait pas à l'exposition organisée par le ministère de l'Education nationale.

Le monde des arts entrait en effervescence chaque année dès que commençait à souffler le vent d'automne et Ayuta faisait toujours, en septembre, la tournée des résidences des artistes de Kyôto même lorsqu'il ne se passait rien d'important.

Si le refus de Kakegawa Sanae de participer à cette exposition se trouvait confirmé, ce serait naturellement une grande nouvelle pour la rubrique des faits divers. Cependant, en dehors du peintre lui-même, personne n'avait une connaissance exacte des faits et gestes de l'artiste qui avait su conserver pendant plusieurs dizaines d'années une attitude très indépendante dans le monde des arts.

Ayuta alla plusieurs fois jusqu'à son immense maison de Higashiyama, mais il lui fut naturellement impossible de rencontrer le peintre. Un jour, un jeune collègue de la rubrique des arts à Kyôto lui donna cette information par téléphone : « Kakegawa Sanae et ses principaux disciples doivent être ensemble quelque part dans Kyôto depuis ce matin. Mais ils ont si bien pris leurs précautions qu'on n'arrive pas à savoir où. » On était au début du mois d'octobre et il bruinait cet après-midi-là.

Ayuta partit aussitôt pour Kyôto et se rendit directement à Higashiyama sans passer par le journal.

Mais lorsqu'il ouvrit la porte ajourée de l'entrée, d'une apparente simplicité, il vit que quelqu'un l'avait précédé. C'était Sayama Chôsuke. Debout dans l'entrée empierrée, celui-ci remarqua : « Tu as fait vite ! » Il venait, semblait-il, d'arriver lui aussi.

« Il n'est pas là, tu sais, dit Ayuta.

— Je sais, mais on peut tenter le coup. »

Une servante qu'Ayuta connaissait un peu vint leur dire, comme ils s'y attendaient, que le maître était absent.

« Vous ne savez pas où il est allé ? demanda Sayama.

— Monsieur est sorti sans dire où il allait.

— Quand ?

— Je pense qu'il est sorti dans la matinée, mais je n'en suis pas sûre.

— Ah bon. »

Sayama posait les questions machinalement, faisant mine de penser à autre chose. Puis il demanda à Ayuta :

« Qu'est-ce que tu vas faire ?

— Je pense qu'il reviendra ce soir, alors je vais tuer le temps au journal, et revenir plus tard.

— Tu crois que tu le verras comme ça ?

— Je ne pense pas, mais il faut bien essayer.

— Sale métier, conclut Sayama, les yeux brillants d'ironie, avant d'ajouter : Bon, je vais peut-être faire la même chose… »

Les deux journalistes commencèrent à sortir ensemble, mais dès l'entrée, Sayama se ravisa :

« Attends, je dois donner un coup de fil au journal, et il rouvrit la porte de l'entrée pour crier à la servante : Vous me laisserez bien donner un coup de fil ? » sur le ton enjôleur d'un étudiant auquel la ville a donné de mauvaises manières.

Il s'empressa d'enlever ses chaussures dès que la servante eut reparu, et se dirigea vers le téléphone qui était dans le couloir.

Ayuta attendit Sayama en bavardant avec la servante.

« Je t'ai fait attendre... » s'excusa-t-il en remettant ses chaussures. Ayuta détesta sans savoir pourquoi le regard qu'il reçut alors de Sayama, très froid et dépourvu de la moindre aménité.

En sortant, Sayama lui demanda encore une fois :

« Qu'est-ce que tu vas faire, toi ?

— Je vais au journal.

— Bon, comme tu voudras ; moi, j'ai à faire ailleurs.

— De quel côté vas-tu ? » lui demanda Ayuta.

L'arrêt du tramway était à cinquante mètres. Il n'y avait presque plus de taxis à cette époque-là et il fallait presque toujours prendre le tramway.

« J'attends ici. Comme je suis pressé, j'ai commandé une voiture.

— Alors le téléphone, c'était pour demander un taxi ?

— Oui.

— Je ne sais pas où tu vas, mais tu peux me déposer quelque part en route ?

— Impossible », fut la réponse, sèche.

Etait-ce une plaisanterie ? Non, le visage de Sayama était sérieux.

« Malheureusement pour toi, je ne peux emmener un type d'un autre journal. Pourquoi, tu le sauras demain. »

Sayama se mit à rire, d'un rire étrangement cruel, sans gaieté. Ayuta pensait qu'il s'agissait encore d'une plaisanterie. Mais quand la voiture s'arrêta devant la grille, Sayama y monta aussitôt, et après avoir claqué la porte, fit signe au conducteur de démarrer, les yeux fixés droit devant lui, sans un regard pour Ayuta.

Il était furieux. Tout en se dirigeant sous la pluie vers l'arrêt du tramway, il se fit la réflexion que la conduite de Sayama était celle d'un déséquilibré. Il ne trouvait pas d'autre explication à son attitude.

Mais le lendemain, lorsqu'il ouvrit, encore couché, l'édition matinale du journal *L.*, Ayuta comprit combien il avait été joué.

Le journal publiait une grande photo de Kakegawa Sanae en train de déjeuner avec ses deux disciples dans un restaurant de Saga, près du pont de Togetsu.

On citait même quelques paroles de Kakegawa Sanae qui affirmait qu'il n'avait absolument pas l'intention de se retirer de l'exposition. Le journaliste insistait de telle manière sur l'étrangeté du comportement actuel de l'artiste que son article s'en trouvait valorisé.

Mis à part le fait qu'on l'avait joué, Ayuta n'arrivait pas à comprendre comment Sayama Chôsuke avait découvert le restaurant où s'était réfugié Kakegawa.

Quatre ou cinq jours plus tard, il rencontra par hasard le journaliste dans le couloir d'un musée.

« Mes excuses pour l'autre jour. »

Ayuta était mécontent, mais il ne pouvait rien dire.

« Tu m'as bien roulé !

— On gagne, on perd, c'est dur pour tout le monde », répliqua Sayama. Mais son regard démentait ces paroles qui restaient de politesse, et rejetait très loin, avec insolence, Ayuta et tous ceux de son espèce.

Un mois plus tard, Ayuta apprit du peintre disciple de Kakegawa Sanae comment Sayama avait procédé : il avait trouvé près du téléphone, sur le mur, le numéro de la compagnie de taxi, et l'avait utilisé pour commander une voiture. Ensuite, une fois dans la voiture, il avait simplement demandé au chauffeur de le conduire là où il avait emmené le maître le matin même, en précisant que c'était urgent. S'agissant de Sayama, on pouvait imaginer qu'il avait d'abord arrêté le taxi au journal pour y prendre un photographe.

Ayuta avait beau éprouver un sentiment proche de la haine envers Sayama Chôsuke, c'était pourtant avec ce journaliste qu'il lui arrivait le plus souvent de bavarder un moment devant une tasse de thé.

Lorsqu'ils se rencontraient, il y en avait toujours un des deux qui faisait un pas vers l'autre.

« Ça va ? demandait Ayuta.

— Pas mal », répondait Sayama, mais Ayuta sentait toujours, caché sous cette maigre poitrine, un couteau pointé vers lui et il se demandait quand il verrait la lame étinceler.

Cependant, Ayuta ne respectait ni ne craignait cet homme.

Tout en sentant en face de lui un adversaire d'une force bien supérieure à la sienne, il se disait aussi : « Et alors, pour qui se prend-il ? » Il avait la conviction qu'un jour, il serait le gagnant et clouerait le bec à ce type, de telle manière que celui-ci ne s'en remettrait pas.

Telle était l'humeur d'Ayuta à chaque fois qu'il prenait un café avec Sayama.

Ayuta connaissait ce journaliste depuis près d'un an lorsqu'il se trouva mêlé à un étrange incident à son sujet.

C'était un matin d'avril, et il soufflait un vent tiède. On avait à peine eu le temps de penser : « Tiens, les trois petits cerisiers devant la maison sont en pleine floraison ! » que le vent qui soufflait depuis la veille au soir avait tout emporté.

Il reçut la visite d'une jeune fille qui lui était complètement inconnue. On lui donnait dix-huit ou dix-neuf ans ; elle devait avoir à peine terminé ses études secondaires.

Dès l'entrée, elle demanda à Ayuta :

« Est-ce que vous connaissez M. Sayama ?

— Oui, je le connais.

— Dans ce cas, pourriez-vous venir tout de suite ? Il est malade, une pneumonie, et il est alité chez nous. Ni mon père ni ma mère, ni moi-même ne le connaissons. La nuit dernière, tout à coup, en pleine nuit, il s'est mis à gémir, dans la chambre de ma sœur aînée. Nous étions tous très surpris !

— Dans la chambre de votre sœur aînée ? Alors votre sœur le connaît ?

— Peut-être. Mais il se pourrait qu'elle ait été surprise aussi, car elle est sortie très tôt ce matin, en laissant toute la maison dans une grande confusion.

— Je vois.

— Nous sommes très ennuyés.

— Naturellement.

— On a demandé au malade qui il fallait prévenir, et il a donné votre nom. On m'a donné votre adresse au journal, et je suis venue directement ici.

— Bon, allons voir, pour l'instant. »

Ayuta accompagna donc jusque chez elle la jeune fille prénommée Yoshiko. Sa maison se trouvait près de la ligne de chemin de fer de Takarazuka.

C'était un pavillon récent, entouré d'une haie vive et précédé d'un jardin de soixante-dix mètres carrés environ.

Ils trouvèrent Sayama couché dans une pièce de quatre tatamis et demi orientée au sud. Sa tête seule émergeait d'une literie féminine et ses yeux que la fièvre injectait de sang étaient levés vers le plafond. Sa respiration était si bruyante qu'on l'entendait dès qu'on entrait dans la chambre.

Dès qu'il aperçut Ayuta, il lança :

« Excuse-moi, mais il faut que tu m'achètes du sulfamide. Si je prends ça, ça ira. Fais-m'en prendre. Je ne sais pas où ça se trouve, mais ça doit exister dans les grandes pharmacies. Ça vaut mieux que de faire venir le médecin du coin. C'est un nouveau produit qu'on vient de mettre en vente. »

Puis Sayama se tut et ne fit plus un seul mouvement, comme s'il savait que le repos le plus absolu lui était indispensable.

Connaître déjà l'existence d'un médicament capable de guérir la pneumonie, alors que l'usage n'en était pas encore répandu, était bien de Sayama.

Ayuta alla acheter le médicament et le fit prendre à son collègue.

« Avec ça, je me tire d'affaire ! » déclara seulement le journaliste après avoir bu. Ensuite, quoi qu'on tentât de lui dire, il n'ajouta plus un mot.

La maison des Saeki était habitée par une famille de quatre personnes : le maître de la maison, fonctionnaire à la retraite du ministère de l'Agriculture, sa femme et leurs deux filles. Un inconnu, de surcroît malade, s'était donc trouvé brusquement dans la chambre de sa fille aînée.

« J'ai vraiment été surpris. Imaginez un peu, entendre tout à coup les plaintes d'un malade, venant de la chambre de ma fille aînée ! Et quand je suis allé voir, trouver ce M. Sayama, qu'on n'avait jamais vu et dont on n'avait jamais entendu parler, couché là, à gémir. Et ma fille en train d'essorer une serviette ! »

Cette façon amusante de présenter la chose témoignait du caractère agréable du maître de maison. Sa femme et lui semblaient former un couple harmonieux, et son épouse était visiblement une personne très généreuse elle aussi.

« Et votre fille aînée ?

— Elle est sortie un moment, mais elle vient de revenir. Nous pensons ne lui parler de rien pendant quelque temps. »

Ayuta, tout en contemplant les pétales de cerisiers qui jonchaient le sol du jardin intérieur, passa un moment singulier à chercher des sujets de conversation anodins avec les deux époux.

Il comprenait pourquoi Sayama l'avait fait venir, lui qui appartenait à un autre journal, plutôt qu'un de ses propres collègues.

Car de quelque manière que l'on considérât ce qui s'était passé, sa conduite n'était guère reluisante, et Sayama n'avait dû se décider à faire appel à Ayuta qu'après mûre réflexion.

Le deuxième jour, le malade se sentait déjà beaucoup mieux.

« Excuse-moi, hein, quelle tuile ! J'étais à peine dans la chambre que j'ai commencé à avoir très mal dans la poitrine, dit-il à Ayuta.

— Par où tu es entré ?

— Par la fenêtre. Il n'y a pas d'autre entrée !

— Magnifique !

— J'étais venu boire une tasse de thé.

— Ce n'est pas la peine de me raconter ça à moi ! Mais j'espère que tu iras t'expliquer avec le maître de cette maison dès que tu pourras te lever », répondit un peu sèchement Ayuta. Il se demandait comment un homme tel que Sayama avait pu se comporter d'une manière aussi stupide.

Le troisième jour, Ayuta rencontra pour la première fois Eiko, la fille aînée. C'était une jeune fille d'une vingtaine d'années, qui gardait encore, comme sa sœur cadette, un parfum d'enfance. Et sa fuite, lors de l'événement, en témoignait.

Ayuta ne comprit pas où les deux jeunes gens s'étaient rencontrés, mais il semblait qu'il leur arrivait de temps à autre de boire une tasse de thé ou d'aller au cinéma ensemble depuis environ un an.

« C'était la première fois que M. Sayama venait dans ma chambre. Je lui avais promis une tasse de thé, et comme il avait dit qu'il viendrait, j'avais laissé ma fenêtre ouverte. Mais voilà qu'à peine entré, il tombe malade ! J'étais bien embêtée ! »

Cette jeune fille, malgré son air docile, devait avoir une certaine audace, puisqu'elle était capable de faire entrer Sayama chez elle par la fenêtre.

Ayuta rendit encore cinq ou six visites aux Saeki, jusqu'à ce que l'état du malade ne donnât plus d'inquiétude.

Sayama resta finalement un mois chez les Saeki, et les derniers jours, il allait même à son journal de chez eux.

« Je t'ai causé beaucoup d'ennuis avec ma conduite inconsidérée… »

Sayama, le jour de son départ de chez les Saeki, était venu rendre visite à Ayuta au journal *R*. Son air tranchant, qui avait disparu quelque temps lorsqu'il était sur son lit de malade, était réapparu ce jour-là.

« J'ai l'intention de bosser dur, maintenant que j'ai bien fainéanté. »

On aurait dit qu'il était venu faire une déclaration de guerre à Ayuta, plutôt que le remercier.

Et ce mois-là, effectivement, Sayama écrasa Ayuta avec un article sur la conservation des peintures murales du Hôryûji.

Un jour, Ayuta reçut, au journal, la visite de Saeki Eiko ; il l'emmena dans un café voisin.

« Je voudrais au moins me fiancer avec M. Sayama, mais il ne veut pas et je suis bien ennuyée. Je dois penser à la position de mes parents… »

Elle n'avait pas entièrement tort, il fallait bien le reconnaître.

« Aujourd'hui, ma mère m'a dit que ce serait très embarrassant si je ne me mariais pas, mais moi je lui ai répondu qu'il n'y avait rien de gênant, puisque je m'empoisonnerais. »

Cette déclaration inquiéta beaucoup Ayuta. Saeki Eiko était effectivement le genre de fille à s'empoisonner tranquillement.

Le lendemain, il prit rendez-vous avec Sayama par téléphone, et le retrouva après son travail dans une brasserie d'Umeda.

Ayuta raconta à Sayama son entrevue avec Eiko et n'hésita pas à reprocher au jeune journaliste son attitude envers elle. Quand il lui répliqua : « C'est pas chic d'essayer de te venger ainsi de tes échecs professionnels », Ayuta sentit la colère monter en lui. Sa voix trembla.

« De quoi tu te mêles, avec tes histoires de vengeance ? Alors que toi tu t'introduis secrètement chez des gens par la fenêtre de la chambre de leur fille !

— Mais pas du tout. Tout ce qu'on peut me reprocher, c'est d'être entré par la fenêtre. Et encore, parce qu'on m'y avait invité à boire une tasse de thé.

— Et tu t'imagines qu'on va croire ça ?

— Tant pis si on ne me croit pas, un homme, ça a des droits, je pense, qu'on le croie ou non. »

« La jeune fille va peut-être s'empoisonner. »

Sayama, qui avait parlé posément jusque-là, sembla finalement touché.

« Ça, c'est mauvais. Il faut que tu trouves un moyen de la calmer.

— Moi, la calmer ? Pas question. »

Sayama resta quelque temps sans rien dire. L'idée que Saeki Eiko puisse s'empoisonner semblait lui avoir fait un certain effet.

« Si tu ne me sers pas d'intermédiaire pour la calmer, je vais être coincé.

— Je refuse ce genre de rôle.

— C'est vraiment non ?

— C'est non. »

Sayama lança un regard glacé à Ayuta, eut un rire incertain, puis se leva et s'en alla.

Sayama Chôsuke épousa Saeki Eiko à l'automne de cette même année.

Ayuta n'avait pas rencontré Sayama depuis longtemps quand il reçut une invitation pour la réception de mariage. Il ignorait totalement quelles étaient les péripéties qui avaient finalement lié ainsi les deux jeunes gens, mais il se demandait si lui-même n'avait pas joué un rôle, même mineur, dans cette affaire.

Au banquet, Ayuta se trouva assis par hasard à la même table qu'une personne qu'il ne s'attendait vraiment pas à voir là : Kajima Hamako.

Ayuta avait passé ses années d'enfance dans un petit village de montagne de la péninsule d'Izu et il l'avait rencontrée tandis qu'elle avait onze ou douze ans et qu'elle passait quelque temps dans un hôtel de ce village avec son frère étudiant.

Plus tard, il l'avait de nouveau rencontrée lorsqu'il était au collège et elle lycéenne, si changée, si adulte déjà qu'il l'avait à peine reconnue. Cette rencontre avait été unique, mais si Ayuta adolescent avait jamais éprouvé quelque chose comme de l'amour, cela avait bien été pour Hamako.

Le banquet donné à l'occasion du mariage de Sayama Chôsuke avait lieu dans un hôtel du centre d'Ôsaka. Rassemblant près d'une centaine d'invités, c'était une réception un peu trop fastueuse pour un pays en guerre.

Ayuta ne comprenait pas très bien pourquoi on lui avait attribué une place à côté de la fenêtre, près de la table principale et à l'écart des collègues de Sayama. Peut-être cela correspondait-il à l'évaluation bien personnelle que Sayama avait faite du rôle d'Ayuta dans son mariage…

Ayuta s'était à peine installé à sa place qu'il reconnut Kajima Hamako dans la jeune femme de vingt-quatre ou vingt-cinq ans assise en face de lui. Plus de dix ans s'étaient écoulés depuis leur dernière rencontre, mais Ayuta retrouva cette expression particulière que lui donnait le dessin de ses yeux légèrement bridés.

La fragilité et la nervosité qu'il avait remarquées chez elle, quand elle était enfant, lui donnaient maintenant l'air volontaire d'une personne excentrique. Mais tout compte fait, son visage était de ceux que l'on pouvait trouver beaux.

Cette rencontre fortuite n'étonna guère qu'Ayuta, car Hamako, elle, ne le reconnut pas. Dire qu'ils s'étaient connus dans leur enfance était d'ailleurs peut-être exagéré. En fait, ils ne s'étaient guère rencontrés que deux fois, et brièvement : la première fois lorsqu'Ayuta était à l'école primaire et la seconde lorsqu'il était au collège. Il aurait même été au fond peu raisonnable d'imaginer qu'elle se souvînt de lui.

Ayuta ne se présenta pas, et ne donna pas non plus sa carte de visite.

Hamako était assise le corps légèrement tourné vers Sayama Chôsuke, assis à la table principale. Et lorsque quelqu'un faisait un discours, elle applaudissait de ses fines mains blanches.

Si quelqu'un racontait une histoire drôle, elle se mettait à rire sans s'inquiéter de son entourage, et Ayuta se demandait pourquoi ce rire lui paraissait un peu excessif. Il semblait prêt à jaillir à tout instant de sa gorge, rire incontrôlable, mais qui ne donnait pas la moindre impression de gaieté.

Ce fut vers le milieu de la réception que Hamako eut une crise d'anémie cérébrale et glissa de sa chaise par terre.

Un garçon intervint aussitôt et l'aida à se relever et à sortir de la salle ; l'incident ne fut remarqué que par ses voisins immédiats, mais comme Ayuta se trouvait juste en face de la jeune femme, ce fut lui qui la soutint quelques instants avant l'arrivée du garçon, en se tenant lui-même à croupetons.

« Ça va, merci, ce n'est rien », murmura Hamako sans ouvrir les yeux.

Après la fin du banquet, Sayama, une rose épinglée à sa jaquette, s'approcha d'Ayuta qui se tenait dans le hall, debout près d'une fenêtre.

« Mes excuses, pour tout à l'heure, lui dit-il. C'est la fille de parents éloignés… » Et il allait peut-être ajouter quelque chose, mais il fut aussitôt entraîné par deux ou trois personnes qui paraissaient être de sa famille.

Ayuta avait cependant eu le temps de remarquer une nervosité inhabituelle chez Sayama.

Peu après son mariage, Sayama fut muté à Tôkyô, et Ayuta le vit partir pour cette ville sans avoir eu l'occasion d'une conversation particulière avec lui.

Quelque temps après la mutation de Sayama à Tôkyô, Ayuta entendit dire qu'il avait été envoyé en mission dans le Sud de la Chine, mais il ne savait pas exactement où. En tout cas, ce journaliste ferait certainement un travail sensationnel grâce à sa manière particulière de choisir les bonnes informations pour ses articles.

Lorsqu'il songeait à Sayama, Ayuta se disait qu'il aurait aimé travailler au même endroit que lui. Il s'était fait battre maintes fois, en effet, et le départ définitif de son rival lui laissait au cœur un sentiment de défaite qui l'irritait à chaque fois qu'il songeait au journaliste.

Ayuta demanda plusieurs fois à être envoyé sur le front du Sud comme envoyé spécial. Le désir de rivaliser avec Sayama entrait, semblait-il, pour beaucoup dans cette volonté de partir.

Malheureusement, il reçut son deuxième ordre de mobilisation juste avant d'obtenir son ordre de mission pour le Sud : incorporé au régiment d'artillerie de campagne de Nagoya, il touchait le sol du continent dix jours après sa mobilisation. Cette fois encore, on l'avait envoyé dans les provinces du Nord de la Chine.

Ayuta passa un an comme soldat dans la province de Chansi. Il n'y avait pas de grandes batailles dans cette région, mais de continuelles escarmouches entre petites unités lorsqu'ils se déplaçaient dans les zones montagneuses.

Pendant sa campagne dans le Chansi, son chef de détachement le chargea d'une mission sans grande importance qui lui permit de retourner une fois dans la métropole. Il se rendit d'abord à Shijiazhuang et de là partit vers le Tien-tsin en prenant la ligne de Pékin qui passait par Baoding. Dans le train de marchandises qui l'amenait de Shijiazhuang à Tien-tsin, Ayuta rencontra, tout à fait par hasard, Sayama.

On était à la fin du mois de novembre, et la première neige venait de tomber cette nuit-là dans le

Nord. Le wagon découvert dans lequel Ayuta était monté à Shijiazhuang était bondé de soldats blessés que l'on ramenait du front. Ayuta avait eu du mal à se frayer un passage pour se caser dans un coin.

« C'est vraiment intenable, ce froid. Ah, vivement qu'on arrive à Pékin, et qu'on prenne un bon bain chaud ! »

Ayuta entendit ces paroles, que tout soldat ne pouvait trouver qu'arrogantes et insolentes, tout près de lui, dans l'obscurité.

Seul un auxiliaire civil ou un journaliste pouvait se permettre un tel langage, se dit-il.

Et effectivement, dans la conversation qu'entretenaient quelques hommes occupant l'obscur espace proche de lui, il saisit le nom du journal *R.* parmi quelques autres. Pris aussitôt d'une intense nostalgie, il leur cria :

« De quel journal êtes-vous ?

— Du journal *L.* »

Quand cette réponse parvint à ses oreilles, Ayuta s'écria :

« C'est toi, Sayama ? » Il ne pouvait discerner le visage du journaliste dans l'obscurité, mais il avait la certitude qu'il s'agissait de Sayama Chôsuke.

Quand celui-ci tendit la main dans sa direction pour serrer la sienne, très fort, en disant : « Salut ! », Ayuta fut incapable de contrôler les grosses larmes qui coulaient sur ses joues. Il était tellement bouleversé qu'il lui semblait qu'une rencontre avec ses parents ou ses frères et sœurs ne l'aurait pas ému davantage.

Quelqu'un échangea sa place avec Sayama pour lui permettre de s'asseoir à côté d'Ayuta.

Ne lisant pas les journaux, Ayuta ignorait que Sayama parcourait librement le continent et faisait un travail remarquable en qualité d'envoyé spécial. Il était au courant d'un assez grand nombre d'opérations militaires dans le Sud et suivait aussi les opérations de l'armée du Nord.

« Tu as de la chance, dis donc, lui dit Ayuta. J'ai toujours pensé que tu étais le plus fort sur le plan professionnel, mais tu as aussi plus de chance que moi !

— Sur le plan professionnel, c'est toi le plus fort. Pour la chance, oui, j'en ai peut-être davantage. Je n'ai pas encore reçu la feuille rouge de mobilisation une seule fois », reconnut Sayama. Puis il répéta : « Non, sur le plan professionnel, je n'étais pas de taille !

— Tu te moques de moi !

— Non, ce n'est pas de l'ironie. Je le pense vraiment. J'essayais toujours de te rattraper, je me disais, et ça, et ça, hein ? Mais je n'arrivais jamais à me sentir vainqueur. Tu es quand même un type curieux, tu sais », dit Sayama, avec une simplicité qui ne lui était pas coutumière.

Cet aveu inattendu signifiait peut-être que des journalistes comme Sayama, qui recueillaient avec un talent remarquable les informations nécessaires à leurs articles, reconnaissaient leur infériorité lorsqu'il s'agissait de procéder, comme le faisaient les journalistes du genre d'Ayuta, avec une certaine discrétion. Mais de toute façon, c'était sûrement grâce à sa personnalité, à ses talents exceptionnels que Sayama pouvait éprouver un tel sentiment envers Ayuta.

Ayuta était fatigué, Sayama aussi, semblait-il. La neige avait apparemment désorganisé le trafic ferroviaire, car le train de marchandises s'arrêtait longuement à chaque station.

Les deux hommes finirent par s'endormir tels qu'ils étaient assis, le dos appuyé contre la ridelle du wagon, enveloppés dans leurs manteaux.

Quand Ayuta s'éveilla après un sommeil maintes fois interrompu, Sayama qui devait être réveillé depuis longtemps lâcha seulement :

« Finalement, nous deux, nous nous sommes opposés sans raison valable. »

Ces paroles, si vraies et si sincères, touchèrent profondément Ayuta.

« Et Kajima Hamako, qu'est-ce qu'elle devient ? » risqua-t-il à son tour. Sayama, qui se demandait apparemment comment il la connaissait, répondit :

« S'il n'y avait pas eu cette histoire de pneumonie, c'est peut-être elle que j'aurais épousée. » Mais, était-ce parce qu'il était trop fatigué, il ne posa aucune question à Ayuta sur ses propres relations avec Kajima Hamako.

Six mois plus tard, Sayama trouva une mort digne de lui. Il reçut une balle de plein fouet alors qu'il était sur le pont d'un bâtiment de guerre qui se dirigeait vers le sud. Bien entendu, Ayuta n'apprit cette nouvelle qu'après son retour au Japon. La mort de Sayama Chôsuke laissa dans le cœur d'Ayuta une blessure qui fut longue à cicatriser, et il en fut lui-même fort surpris. C'était aussi la tristesse de savoir que l'adversaire qu'il avait désiré vaincre à tout prix avait disparu de la surface de la terre.

Pendant de nombreuses années, il continua à se demander si le rôle qu'il avait joué dans le mariage de Sayama Chôsuke et d'Eiko avait eu une influence néfaste ou non sur la vie de ces deux personnes.

Il ne revit jamais ni Eiko, la veuve de Sayama Chôsuke, ni Kajima Hamako.

6

La colonie du monde céleste

Ce fut lorsque les bombardiers B-29 intensifièrent leurs attaques, pendant le dernier hiver de la guerre, que tous ceux qui avaient pensé jusque-là : « Demain je serai quelqu'un ! », tous les *asunaro*, disparurent entièrement des villes du Japon. Tous les habitants de ce pays avaient cessé de croire en un lendemain.

Au journal non plus, il ne restait aucun *asunaro*. Chaque nouvelle journée se passait dans le désespoir et dans l'attente de la fin de la guerre. Et cette guerre, dont nul ne savait quand elle se terminerait, était vécue par tous comme une malédiction éternelle.

Pendant la guerre, Ayuta avait fait un mariage tardif avec une jeune femme dont les principales qualités étaient la douceur et le calme, et il en avait eu deux enfants.

Pour penser à l'évacuation des siens, Ayuta attendit le dernier moment. Il n'arrivait pas à décider si séparer les membres de sa famille pour survivre à cette période extrêmement troublée était vraiment la meilleure solution. Que le destin de chacun s'accomplisse séparément, dans des lieux différents, lui paraissait plus effrayant encore. Au mois de mars, il songea pour la première fois sérieusement à l'évacuation de sa famille quand il vit que son fils de quatre ans craignait autant que les adultes l'annonce des alertes par la radio et éclatait chaque fois en sanglots. En avril, le premier bombardement d'Ôsaka transforma la moitié nord de la ville en un immense brasier. Ayuta, qui se trouvait au journal ce jour-là, monta sur le toit de l'immeuble après la fin du bombardement. Lorsqu'il vit à ses pieds les malheureux petits cadavres des pigeons voyageurs qui avaient été projetés à terre et gisaient çà et là les ailes brûlées, il se dit qu'il fallait absolument organiser l'évacuation de sa famille.

Deux semaines après les premiers bombardements d'Ôsaka, Ayuta laissa sa femme et ses enfants dans un village de montagne, au sud du département de Tottori, où il pouvait compter sur l'aide de parents éloignés.

Dans le train qui le ramenait à Ôsaka, Ayuta se sentit délesté d'un lourd fardeau et soulagé comme il ne l'avait pas été depuis bien longtemps. Dans le wagon sale et surpeuplé, il dormit, pendant tout le trajet, d'un sommeil léger et souvent interrompu. Chaque fois qu'il se rendormait, quelque part entre le rêve et la réalité, des nuages blancs courant au-dessus des hautes prairies défilaient devant ses yeux, et en même temps le souffle du vent sur les cimes des arbres d'essences variées emplissait ses oreilles. Jamais encore il n'avait ressenti aussi fortement l'amour qu'il portait à ces trois êtres vulnérables. Alors que le train roulait le long d'une plage éclairée par le soleil couchant, quelque part dans le département de Hyôgo, une tape sur l'épaule tira Ayuta de sa torpeur. Inuzuka Sanji, un garçon qui avait été son condisciple au lycée, se tenait debout dans la foule des voyageurs. Il n'avait pas changé.

« Kaji Ayuta ? Mais oui, c'est bien toi ! »

Ses grands yeux ronds brillaient derrière les épaisses lunettes de myope.

Ayuta avait entendu dire qu'après avoir acquis son diplôme à la faculté de médecine de l'université de Tôkyô, Inuzuka s'était engagé dans des études un peu étranges, bien dans son caractère, assez éloignées du domaine de la médecine. Il ignorait cependant de quelles recherches il s'agissait, où il habitait et quel genre de vie il menait.

Ayuta avait vu ce garçon presque chaque jour pendant trois ans, mais tous deux ne s'étaient presque jamais adressé la parole. Inuzuka était non seulement myope, mais bossu au point d'en paraître difforme, et il se tenait toujours à l'écart des autres dans un coin de la classe, perdu dans de vagues rêveries. Il était intelligent, certes, mais bizarre.

Quand Ayuta lui dit qu'il venait de faire évacuer sa famille, il répondit : « Moi aussi », en tirant très fort sur sa cigarette. Autrefois, il ne fumait pas, c'était le seul changement que l'on pouvait observer chez lui.

« Ta famille ? demanda Ayuta.

— Je n'ai pas de femme, elle m'a laissé tomber. »

Autour d'eux, deux ou trois personnes rirent sous cape.

« Elle t'a laissé tomber ? » Ayuta voulait le consoler.

« Eh oui, elle a fichu le camp, c'est un coup dur, tu sais ! »

Cette réponse, donnée sur un ton très sérieux, fit encore rire leurs voisins, mais plus discrètement.

« Alors, c'est toi qui es parti ?

— Les livres. Je ne peux pas supporter qu'on brûle mes livres.

— Des livres de médecine ?

— Il y en a aussi, mais ce sont surtout des livres qui ont un rapport avec mes recherches actuelles.

— Mais c'est quoi, finalement, tes recherches ?

— Les tatouages, les odeurs d'aisselle, le bandage des pieds en Chine, des choses comme ça.

— Ça a quand même un rapport avec la médecine, non ?

— Si on veut, oui, mais c'est aussi de l'anthropologie. Et on pourrait aussi dire qu'il ne s'agit ni de l'une ni de l'autre. » Les explications d'Inuzuka – et Ayuta reconnut là une autre de ses anciennes manies – enveloppaient toujours son interlocuteur dans un épais nuage de fumée.

Après cinq minutes de bavardage, Ayuta sentit que les deux anciens condisciples n'avaient plus rien à se dire. Les problèmes de bombardement ou de ravitaillement, par exemple, laissaient ce chercheur parfaitement indifférent, au point qu'il risquait même de passer pour un antipatriote.

Ayuta se rendormit bientôt. Lorsqu'il s'éveilla à nouveau, le train était arrêté depuis longtemps dans une petite gare, et tous les voyageurs, ceux qui étaient assis comme ceux qui étaient debout, épuisés, gardaient les yeux fermés, pressés les uns contre les autres.

Ayuta chercha Inuzuka Sanji des yeux. Jusqu'alors, il avait été debout à côté de lui, mais maintenant, il était assis plus loin dans le passage, petite silhouette coincée entre les pieds des gens debout.

Ayuta resta quelque temps à l'observer sans attirer son attention. Il s'aperçut alors qu'Inuzuka Sanji, un livre en caractères latins posé sur ses genoux pardessus un morceau de seiche séchée, dormait, absolument immobile. Son aspect quelque peu étrange faisait penser à un fou ou à un hors-la-loi. Une moitié de la seiche manquait, ce qui laissait supposer qu'il avait lu un peu à la lumière de la faible ampoule électrique tout en mâchant quelques morceaux.

Cet homme apparut ce jour-là à Ayuta comme un être réellement à part. Il semblait ne pas accorder la moindre place, dans son esprit, à des choses comme la guerre ou le destin de son pays.

Tard dans la nuit, Ayuta se sépara d'Inuzuka Sanji sur le quai mal éclairé de la gare d'Ôsaka. Inuzuka vivait seul ; il louait l'annexe d'une ferme de Yamazaki et passait la plupart de son temps enfermé chez lui.

« Puisque tu n'es pas un salarié, toi, tu pourrais partir, non ? lui avait dit Ayuta.

— Non, malheureusement, ce n'est pas si facile. Loin de l'université, il m'est difficile de continuer mes recherches. Et d'abord, je ne pourrais plus consulter mes documents. »

Ayuta se dit qu'effectivement, il existait des individus de ce genre.

Pendant ces trois derniers mois si sombres de la guerre, Ayuta repensa plusieurs fois à Inuzuka. Il rencontra un jour un professeur de la faculté de médecine et amena la conversation sur l'étrange personnage.

« C'est un homme intelligent, lui dit le professeur, mais ses recherches, ou faut-il dire son passe-temps favori, l'ont mené sur une voie de garage. S'il continue comme ça, il n'obtiendra même pas son doctorat. Un homme qui promet, certainement, mais qui nous pose quelques problèmes… »

A l'université aussi, Inuzuka Sanji paraissait s'être fait une réputation d'excentrique.

Mais lorsqu'Ayuta entendit le professeur ajouter :

« En tout cas, la recherche, en ce moment… » l'attitude d'Inuzuka Sanji lui apparut soudain sous un nouvel angle, différente. Il avait trouvé le seul *asunaro* qui restât encore au Japon à la fin de la guerre.

Après la retransmission par la radio du rescrit impérial annonçant la fin des hostilités, Ayuta écrivit un article sur l'aspect de la ville d'Ôsaka le jour de l'armistice. Cet article occupait plus de la moitié de l'espace réservé aux faits divers. En fait, comme il n'y avait pas grand-chose à dire de la ville dont la plus grande partie était réduite en cendres, il s'était contenté de retranscrire tels quels les propos des gens qui erraient aux alentours.

Il ne savait comment s'y prendre : qu'écrire, et de quelle manière, alors que nul ne savait de quoi serait fait le lendemain ? Il s'était donc contenté de rédiger quelques dizaines de lignes sur un ton purement objectif.

Et pourtant, c'était la première fois depuis plusieurs années qu'il avait écrit un véritable article de journal, sans aucun artifice, ni aucune idéologie. Point besoin d'introduction élégante, point besoin d'exprimer la conviction d'une victoire certaine, ni de parler de l'honneur du pays. C'était peut-être la première fois depuis le début de sa carrière qu'il écrivait un article digne de ce nom.

Le soir venu, Ayuta quitta le journal. La chaleur du jour était enfin tombée, et l'immense étendue de ruines baignait dans une lumière blanchâtre. Le silence que ne troublait plus la chute des bombes était plutôt sinistre.

Ayuta ne se dirigea pas directement vers la gare, mais traversa le champ de ruines qui s'étendait de Sakurabashi à Midôsuji, jonché de briques et de planches à demi calcinées, de barres de fer tordues et de fils électriques qui pendaient comme des lianes entremêlées.

Par endroits s'élevait encore une resserre, seul vestige au milieu des décombres.

« M. Kaji ! »

En entendant brusquement son nom, Ayuta s'arrêta. Il était devant une resserre à demi brûlée. A la fenêtre apparut soudain le visage de Kuma.i Genkichi, orné de favoris très noirs et longs de deux ou trois pouces.

Cet homme était de temps en temps venu au journal pour vendre du sucre ou de l'huile au marché noir ; ses magnifiques favoris, sa stature de géant (il mesurait près de six pieds) et l'intégrité de son caractère que le marché noir n'avait pas entamée, faisaient qu'on tolérait ses allées et venues à la rédaction. Il y a encore six mois, on le voyait venir régulièrement tous les deux ou trois jours, mais depuis que les bombardements s'étaient intensifiés, on ne le voyait plus, peut-être lui était-il devenu impossible de se procurer de la marchandise.

« Qu'est-ce qu'il y a, Kumasan ? demanda Ayuta.

— Je m'installe ici pour quelque temps, vous savez.

— Cette resserre appartient à quelqu'un, non ?

— Certainement… Mais je pourrai peut-être y rester un peu. C'est pas parce que la guerre est finie qu'ils vont se ramener tout de suite.

— Mais s'ils reviennent ?

— Je m'excuserai, et je déménagerai. Et pour garder un droit sur les autres resserres, j'ai collé sur toutes celles des alentours un papier portant le nom de Kuma.i. C'est toujours ça, non ? » répondit Kuma.i Genkichi, dit Kumasan. A en juger par ces paroles, il semblait prêt à utiliser les unes après les autres toutes les resserres laissées vacantes par leurs propriétaires.

« J'ai quelque chose à vous demander, reprit-il. Il se trouve que demain, je me marie. Je l'ai rencontrée aujourd'hui seulement, mais elle est comme moi, sans toit, et elle a l'air d'avoir bon caractère. On a parlé, et ça a collé tout de suite. Alors je me suis dit que puisque la guerre était finie, on pourrait former une heureuse famille ensemble. C'est pas bien ?

— Si, pourquoi pas ? Elle a quel âge ?

— Deux ans de plus que moi. C'est la seule ombre au tableau, mais elle fait plus jeune que son âge. Elle a quarante-sept ans. »

C'est ainsi qu'Ayuta apprit que Kumasan avait quarante-cinq ans.

« Alors, j'aimerais bien que vous veniez demain.

— Au mariage ?

— Pensez-vous, par les temps qui courent, ce n'est pas possible ! Non, le mariage, on va le bâcler ce soir. Mais à partir de demain, je m'installe marchand de *shiruko*[1]. Alors venez pour l'ouverture, demain après-midi !

— D'accord, je viendrai. »

Ayuta eut soudain l'impression d'être frappé par une lumière vive, simplement parce que Kumasan était le premier, la guerre terminée, à s'être lancé activement dans la réorganisation de sa vie. Ou, pour s'exprimer différemment, on pouvait dire qu'il était l'*asunaro* numéro un.

Le lendemain après-midi, donc, Ayuta se rendit au petit restaurant qui venait d'ouvrir dans une resserre à demi brûlée et que Kumasan avait empruntée à ses propriétaires sans leur permission.

---

1. Préparation à base de haricots rouges sucrés, généralement servie accompagnée d'un *mochi*.

Une pancarte, fixée sur un bâton de bambou fiché en terre, indiquait en caractères tracés d'une main malhabile à l'encre de Chine : « Crème de haricots au sucre véritable », mais précisait aussi : « Aujourd'hui, cinq portions seulement. »

Ayuta se dirigea vers le devant de la maison ; il trouva la porte grande ouverte, mais l'intérieur était sombre.

« Kumasan, vous êtes là ? »

Une femme se montra, à demi dévêtue, qui devait être l'épouse de Kumasan.

« C'est pour quoi ? »

Le ton employé par cette femme de petite taille n'était guère aimable, mais son allure était étonnamment nette. On ne lui aurait vraiment pas donné quarante-sept ans.

« Il est allé chercher l'enfant quelque part.

— Il a un enfant, Kumasan ?

— Oui, une fille de treize ans, à ce qu'il paraît.

— Et alors, jusqu'à maintenant, il l'a élevée tout seul ?

— Ben oui, sans doute… » répondit la patronne sur un ton indifférent. Elle ne semblait pas du tout concernée. Et tout à coup, elle lança : « Allez, entrez ! » comme à un client.

Lorsqu'il se fut habitué à l'obscurité, Ayuta se rendit compte qu'il y avait quelqu'un d'autre dans la pièce. Une jeune femme qui avait plutôt mauvais genre, et à demi dévêtue elle aussi, était assise de côté sur le plancher de la resserre.

Ce devait être une cliente, car elle mangeait quelque chose qui ressemblait à du *shiruko* dans un grand bol de céramique.

Après avoir reposé celui-ci, elle bâilla, se frappa la bouche deux ou trois fois de son poing fermé, et demanda :

« Je vous apporte du sucre, la mère, vous m'en achetez ?

— Pour sûr, s'il est pas cher, répondit la patronne.

— Pas de danger, puisque j'le pique ! »

Ayuta, surpris, leva la tête. La jeune femme continuait :

« Je vous l'apporte en charrette, en camion, comme vous voulez !

— Mais qu'est-ce que je ferais de tout ça ? » La patronne aussi avait l'air étonnée.

« Allez, achetez-le-moi ! Vous n'aurez qu'à le partager à plusieurs !

— Mais dis donc, où est-ce que tu vas chercher tout ça, d'abord ?

— Je l'apporte de Kôbe. J'ai une copine, là-bas, sa famille, c'est des marchands de sucre qui ont tout stocké. Leur abri antiaérien en est plein.

— Mais d'où tu sors, toi, dis donc ?

— J'suis une fille libérée de Sannomiya, répondit sans honte aucune, et très franchement, la jeune femme. Au fait, Sannomiya a brûlé aussi, et je sais pas où coucher, je pourrais peut-être me faire inviter ici ? » continua-t-elle, mais tout en parlant, elle s'était levée, payait et se dirigeait vers la sortie. La lumière du soleil couchant éclairait un visage aux traits un peu durs mais très réguliers. Elle avait tout au plus vingt-deux ou vingt-trois ans.

« La guerre aurait dû continuer ! Elle est finie, qu'est-ce qu'on s'ennuie ! » Après avoir décoché une dernière flèche, elle partit.

« C'est à cause de ces gens-là qu'on a perdu la guerre », lança la patronne en apportant un bol à Ayuta. Mais lui, il trouvait étrangement rafraîchissant d'entendre cette femme énoncer sur la guerre une opinion complètement différente de celle des autres gens.

Par la suite, Ayuta se lia d'amitié avec cette jeune femme qu'il rencontrait toujours chez Kumasan. C'était en effet une petite fille intransigeante et dévergondée de Sannomiya. Elle s'appelait Oshige. Elle avait un caractère ardent, mais quand elle riait, la fente de ses yeux rétrécissait, son visage à la peau sombre devenait très doux, et quand elle se taisait, fermée, son profil rappelait à Ayuta celui d'une princesse d'une cour étrangère dont il avait vu un jour une photographie.

Ayuta prit bientôt l'habitude de passer très souvent chez Kumasan en sortant du journal. Derrière les favoris et le corps immense de Kumasan, on voyait toujours s'affairer la petite patronne. A première vue, ils paraissaient former un couple bien assorti. Mais la présence de leurs enfants respectifs était une cause de dispute entre eux. L'enfant que la patronne avait amené était un garçon de huit ans.

« J'ai l'impression qu'elle nourrit mieux son fils que ma fille. Sinon, comment serait-il si gras ? » se plaignait Kumasan en l'absence de sa femme. Mais celle-ci avait aussi son mot à dire :

« Regardez-moi ça, une chemise en pur coton, où est-ce qu'il a déniché ça ? Et c'est sa fille qui la porte ! On trime toute la journée pour rien », gémissait-elle. Cependant, mis à part le problème des enfants, ils paraissaient vivre en bonne entente. Ils s'appelaient l'un l'autre « le père », « la mère », et peinaient côte à côte du matin au soir.

Pendant le premier mois qui suivit la fin de la guerre, la petite gargote déménagea deux fois. Les Kuma.i venaient juste de réparer eux-mêmes la première resserre, autour de laquelle ils avaient commencé à planter un petit jardin potager, quand le propriétaire revint et les somma de déménager. Il ne leur restait qu'à s'installer dans une resserre voisine où ils rouvrirent la gargote. De ce jour, celle-ci fut presque toujours pleine. Mais ils durent quitter cet endroit-là aussi au bout d'une semaine, et leur troisième maison fut une resserre dont il ne restait que les murs, et qu'ils couvrirent d'un toit de tôle ondulée. Les jours de pluie, cela faisait un vacarme infernal, mais le commerce prospérait.

Au début d'octobre, Kumasan annonça : « Je vais avoir une maison », et quelques jours plus tard, il ramenait un charpentier qui lui monta en trois jours une baraque dans laquelle il ouvrit un « café ». Sur les murs, à l'extérieur, étaient collées de multiples affiches annonçant : « café au vrai sucre ». Quoique bien modeste encore, c'était le premier café qui se fût ouvert dans le quartier d'Umeda. La patronne suggéra qu'on le baptisât « Ginga », « La Voie lactée ».

Il fut décidé qu'on y donnerait une fête pour la pleine lune d'octobre qu'il est d'usage d'admirer en festoyant. Ayuta et Oshige, la première cliente de la gargote de Kumasan, furent tous deux invités.

Ce soir-là, au moment de quitter le journal pour se rendre au Ginga, Ayuta se trouva nez à nez avec Inuzuka Sanji dans l'entrée de l'immeuble. Apparemment, c'était Ayuta qu'il venait voir.

« J'ai une petite chose à te demander. »

Quand Ayuta lui eut demandé ce dont il s'agissait, il expliqua que, parmi les soldats américains qui occupaient le pays, certains devaient être tatoués, et qu'il aimerait beaucoup obtenir des photos de ces tatouages.

« Hum, ce ne sera sans doute pas facile, répondit aussitôt Ayuta, car il ne pensait pas qu'une telle requête recevrait une réponse favorable, même venant d'un journal, alors que la guerre venait à peine de se terminer.

« Et des tatouages japonais, ça ne t'intéresserait pas ?

— Des tatouages japonais, j'en ai déjà beaucoup, mais bien sûr, ce serait mieux que rien. Si c'était possible, j'aimerais bien que quelqu'un m'en prenne des photos. La documentation, on n'en a jamais trop. »

Ayuta se souvenait qu'Oshige lui avait parlé un jour d'une maison de jeu dont tous les clients étaient tatoués. En demandant à Oshige, on parviendrait peut-être à en obtenir.

« Bon, je vais te présenter à une femme que je connais, et avec qui ça marchera peut-être », conclut Ayuta qui emmena Inuzuka avec lui au Ginga.

Comme le quartier n'était pas sûr le soir, Kumasan fermait toujours le café avant la tombée de la nuit, mais ce jour-là, il avait dû fermer encore plus tôt, car, lorsqu'ils arrivèrent, l'ameublement grossier de tables et de chaises était déjà empilé dans un coin pour faire place à une table basse que Kumasan avait confectionnée lui-même et qu'on avait posée sur une natte de paille. Sur cette table, on avait disposé de l'« explosif », un tord-boyaux douteux que l'on appelait ainsi car il vous explosait dans la gorge, des légumes bouillis et des boîtes de conserve déjà ouvertes, de celles que les soldats de l'occupation avaient commencé récemment à faire circuler. Oshige n'était pas encore là.

« Alors, nous voilà sur le chemin de la réussite, leur dit Kumasan en guise d'accueil.

— Qu'il est bête, remarqua la patronne à côté de lui.

— Et alors, c'est pas la réussite, ça ? Des gens qui ont une boutique à eux et assez à manger, de nos jours ça ne court pas les rues ! N'est-ce pas, m'sieur Kaji ? » La mine satisfaite de Kumasan faisait plaisir à voir.

« Maintenant, il faut couper les favoris ! lui dit Ayuta.

— Si c'est vous qui le dites, m'sieur Kaji, on pourrait voir… répondit Kumasan, en saisissant dans son gros poing et en tirant ses favoris qui devaient bien avoir trois pouces de long.

— Ça te donne l'air d'un voyou ! » Sa femme avait toujours détesté ces favoris.

« Ben oui, un voyou, mille excuses pour le voyou ! Mais c'est grâce au voyou que Madame est heureuse maintenant !

— Qu'il est bête ! »

C'était la première fois qu'Ayuta voyait la patronne maquillée. Son éducation avait sans doute été un peu plus soignée que celle de Kumasan et elle percevait parfois son mari sous un jour peu favorable.

Pendant ce temps, Inuzuka, qui semblait dépaysé dans ce genre d'endroit, parlait peu mais vidait coupe sur coupe, tout en répétant : « Du saké, ça faisait des années que j'en avais pas bu… »

Et quand Ayuta, un peu inquiet, lui demanda si ça allait, il répondit : « Mais oui, ça ira… » tout en continuant à engloutir tout ce qui se trouvait sur la table et à faire couler l'« explosif » dans sa gorge.

« Mais qu'est-ce qu'elle fait, Oshige, elle est en retard ! Quand elle n'est pas là, cette petite, ça manque d'animation ici, se plaignait Kumasan, qui allait de temps en temps jeter un coup d'œil au-dehors.

— Arrête de dire des bêtises ! Dès qu'on parle de filles, il se met à loucher celui-là ! Mais regarde-toi dans une glace ! » s'écria la patronne, jalouse.

Mais jaloux, Kumasan ne l'était pas moins :

« Et toi alors, tu ne réponds pas autrement au client quand c'est un homme, peut-être ? A ton âge ! »

Ayuta eut le sentiment que les deux époux, finalement, étaient heureux ensemble.

A l'instant où la lune se montra au-dessus des immeubles en ruines, Oshige, si élégante dans un pantalon de ski et un pull-over rouge qu'on avait peine à la reconnaître, fit irruption dans la pièce et lança aussitôt :

« J'suis accompagnée, ça fait rien ?

— Non, bien sûr ! »

Sur cette réponse de Kumasan, elle cria vers la porte :

« Entrez ! »

Et l'on vit apparaître l'une après l'autre, chacune saluant l'assemblée d'un « Bonsoir, bonsoir », trois jeunes filles de dix-huit à dix-neuf ans.

« Et voilà nos cadeaux ! » Oshige, encore debout, releva, après en avoir desserré le cordon, le bas de son pantalon d'où s'échappèrent vingt à trente grandes barres de chocolat. Les trois autres jeunes filles, à leur tour, suivirent son exemple et sortirent de leurs vestes et de leurs pantalons une grande quantité de chocolat qu'elles répandirent sur le plancher.

« Qu'est-ce que c'est que ça ? s'étonna Kumasan.

— Un raid », répondit Oshige.

Il régna rapidement une grande animation dans la pièce. Kumasan sortit par deux fois, armé d'un gros bâton, pour acheter de l'alcool.

Les jeunes filles glissèrent très vite dans l'ivresse et commencèrent à chanter – où avaient-elles bien pu apprendre de telles chansons ? – des airs de jazz, avec de drôles de voix. Quant à Inuzuka Sanji, déjà ivre quand Oshige était arrivée, il s'était endormi, la figure blafarde, après avoir vomi plusieurs fois. Il se releva un peu plus tard, péniblement, le visage aussi blanc que du papier, et commença à imiter d'une manière cocasse les danses villageoises du fond de la province du Chansi.

En fait, il ne dansait pas vraiment, mais se jetait dans toutes les directions en faisant des bonds énormes, évoquant le vol désordonné des chauves-souris ; à chaque saut, on craignait de le voir s'écraser contre les planches de la cloison, mais au dernier moment, il se ruait dans l'autre sens avec une grande souplesse.

Oshige, elle, supportait remarquablement bien l'alcool. Elle devenait mélancolique quand elle buvait, et chantait alors inlassablement, les yeux fixes, les mêmes refrains sentimentaux à la mode quelques années auparavant.

Kumasan, qui ne possédait aucun talent particulier, se contentait de hurler : « Vas-y, vas-y, bravo ! » ou : « Ta gueule ! » Quand il en eut assez, il alla faire un tour dehors, et quelques minutes plus tard, on l'entendit crier :

« La lune est belle, venez voir ! »

Les jeunes filles sortirent d'abord ; puis Ayuta, Oshige et la patronne les suivirent et tout le monde alla admirer la lune.

Elle éclairait le champ de ruines tout entier. De tous côtés, les alentours avaient un air désolé, inhospitalier, et l'air de la nuit, en cette soirée d'octobre, était déjà frais sur la peau.

On entendit un coup de feu. Ayuta sursauta, mais la patronne remarqua sans s'émouvoir :

« On en entend un ou deux tous les soirs. »

Un autre coup de feu éclata dans la nuit. Cette fois, Oshige s'écria :

« Ah bon, puisque c'est comme ça, on va leur répondre ! » Et elle tira aussitôt de la poche de son pantalon un revolver qu'elle pointa vers le ciel.

« Arrête ! cria Ayuta malgré lui.

— Je ne vais pas tirer », répondit Oshige, tout en s'approchant d'Ayuta en tenant le revolver à deux mains. Le jeune homme fut ému malgré lui par la beauté du visage tourné vers lui et à demi éclairé par la lune.

Ayuta détourna son regard d'Oshige et leva les yeux vers le ciel nocturne, une masse imposante juste au-dessus de sa tête. Il jeta un regard circulaire sur les décombres qui baignaient dans la clarté blafarde de l'astre de la nuit et pensa : « Une colonie du monde céleste. » Et sur le sol de cette colonie était assise en tailleur l'étrange silhouette d'Inuzuka Sanji, brillant à ses yeux d'un éclat dur et froid dépourvu d'humanité, tel un bouddha de pierre qui aurait résisté aux flammes.

Une dizaine de jours après la fête au Ginga, Ayuta emmena un jeune photographe de son journal chez Oshige, à Sumiyoshi. Ils allaient prendre les photos de tatouages qu'Inuzuka Sanji lui avait demandées. Ayuta avait cru comprendre qu'il s'agissait de la maison d'Oshige, mais, en fait, l'annexe de deux pièces qu'elle lui montra était occupée par un couple d'âge moyen de journaliers qui la laissaient pour quelque raison obscure s'y comporter comme chez elle.

Après avoir traversé l'entrée de trois tatamis où dormait un bébé, ils ouvrirent une porte coulissante et trouvèrent dans la pièce suivante un groupe d'hommes assis en rond sous un épais nuage de fumée.

« C'est mon frangin. J'compte sur vous, hein ? » lança Oshige en guise de présentation.

Quelques têtes se tournèrent en même temps vers Ayuta et le photographe avant de s'absorber à nouveau dans le jeu de cartes illustrées de fleurs étalé au milieu de la pièce.

Oshige entraîna deux des hommes qui observaient la partie dans l'étroit jardin intérieur, et les gratifia d'un « Excusez, hein ! » avant d'encourager Ayuta, avec un clin d'œil : « Vas-y, prends tes photos ! » Les deux hommes qui paraissaient déjà savoir ce que l'on attendait d'eux enlevèrent d'abord leur vêtement jusqu'à la ceinture, puis leur chemise, d'une blancheur surprenante.

Le premier homme avait une joue balafrée. Sur son dos était tatoué dans tous ses détails, de l'épaule droite à la hanche gauche, un défilé de funérailles qui devaient être celles d'un seigneur. On voyait, derrière et devant le cercueil, une longue file de guerriers, de femmes et de moines, suivis d'une vingtaine de valets d'armes. Certains d'entre eux portaient de grosses boîtes sur l'épaule, d'autres des paquets enveloppés dans des carrés de tissu. Ils portaient tous des jambières et des sandales de paille aux pieds.

L'autre homme, petit, avait un visage terreux et l'air affaibli par la sous-alimentation. Sur son dos était tatouée une grande raquette décorée d'un portrait de Benkei en train de lire une requête.

« Et v'la le volant », fit-il remarquer en tenant lui-même sa jambe relevée pour montrer à Ayuta la plante de son pied où était tatoué un grand volant rouge.

Le photographe prit un certain nombre de photos de ces deux dos. Puis, après une heure de repos passée avec Ayuta et Oshige dans le couloir vitré, il photographia encore des tatouages de deux autres joueurs.

« Moi, je rentre ! » Le jeune photographe qui semblait mal à l'aise dans cette atmosphère s'en alla aussitôt son travail terminé. Ayuta, lui, profita du moment où on allumait les lampes pour se retirer, après avoir mangé des *inarizushi*[1] qu'Oshige avait réussi à se procurer quelque part.

« Allez, j'y vais moi aussi », dit Oshige qui sortit avec Ayuta. Ils se dirigèrent ensemble vers Sannomiya.

« Si tu veux avoir d'autres tatouages, je peux t'emmener à Banchô ou à Shinkawa, dit Oshige.

— Non, j'en ai assez, répondit Ayuta.

— Bon, on va quelque part, alors ? » dit la jeune fille qui l'entraîna dans un bar, au sous-sol d'un immeuble.

Cinq ou six clients étaient déjà installés sur de hauts tabourets.

« Bonsoir, frangin ! » Oshige saluait un homme d'une trentaine d'années assis au fond de la salle.

Le jeune homme se tourna vers eux. Il avait des traits réguliers et un teint clair ; il était vêtu d'un pull ras du cou rouge brique, tel qu'aurait pu en porter une femme.

« Oshige, t'as du fric ? demanda l'homme abruptement.

— Non, j'en ai pas.

— Alors, prends ça », dit-il en tirant quelques billets de sa poche. Oshige s'approcha de l'homme et prit l'argent en le remerciant avant de retourner auprès d'Ayuta.

1. Tôfu (fromage de soja) frit et farci de riz.

« C'est le fameux Tahara », lui dit-elle ; mais Ayuta ignorait absolument ce qui avait rendu ce garçon célèbre.

Ce soir-là, Ayuta resta à boire avec Oshige jusqu'à l'heure du dernier train. Plus elle buvait, et plus les yeux de la jeune fille brillaient, et plus son visage sombre aux traits réguliers prenait d'éclat.

En raccompagnant Ayuta à la gare, elle répéta trois fois, d'une voix basse et embarrassée par l'alcool :

« J'avais pas besoin de fric, je l'ai pris pour lui faire plaisir. » Ayuta se demanda si elle n'était pas amoureuse du beau garçon aux gros biceps qu'ils avaient rencontré dans le bar.

En décembre, Ayuta, pris par son travail, ne se montra pas au Ginga pendant une semaine. C'est alors qu'on vint un jour lui demander, de la part de Kumasan, de passer au café. Comme il allait justement quitter son bureau, il y alla aussitôt.

Il trouva la porte de devant fermée ; à l'intérieur, Kumasan et sa femme, comme s'ils s'étaient donnés le mot, étaient assis par terre l'un en face de l'autre, avec le même visage renfrogné.

« Regardez-moi ça ! » jeta la patronne.

Ayuta s'aperçut alors seulement que l'intérieur du café, bien qu'on en eût fait le ménage, était dans un triste état. Les planches des cloisons avaient été arrachées, le cadre de la fenêtre était tombé, et dans un coin de la pièce étaient entassées pêle-mêle les tables et les chaises en morceaux.

« Mais regardez-moi ça ! » répéta la patronne. Kumasan, lui, restait les bras croisés, l'air bourru.

« Qu'est-ce qui s'est passé ? demanda Ayuta.

— J'en pouvais plus, alors j'ai tout cassé », répondit Kumasan. La patronne, sans l'écouter, continuait :

« Je ne sais pas quelle mouche l'a piqué, mais voilà le résultat. Qu'il casse ses affaires, ça le regarde. Seulement, ici, la moitié de la maison et la moitié de ce qu'il y a dedans m'appartiennent ! »

Ayuta posa encore quelques questions mais ne put démêler l'origine de la querelle ; en tout cas, Kumasan s'était mis en colère, et emporté par la rage, il avait à moitié détruit la maison. Et finalement, après bien des difficultés, la patronne semblait avoir réussi à lui faire accepter, en manière de réparation, de quitter la maison pendant six mois. Kumasan était dans la position d'un homme forcé de démissionner.

« Tu pourras revenir dans six mois, puisque de toute façon la moitié de la maison est à toi. Mais avant six mois, rien à faire ! »

La patronne s'exprimait de façon plus cohérente que Kumasan. Ayuta s'offrit comme conciliateur mais il n'y avait plus grand-chose à faire, car la femme ne voulait rien entendre, et Kumasan, le principal intéressé, avait l'air complètement résigné.

« Six mois, bon. Mais dans six mois, je reviens, la tête haute !

— Il n'y a vraiment pas de quoi crâner !

— Qu'est-ce que tu racontes ? Dans six mois, je reviens, la tête haute, et je casse encore tout !

— Vas-y, fais-le ! Mais après, ça sera encore six mois ! »

La manière de se soumettre de Kumasan était surprenante.

Ayuta était encore là quand Kumasan quitta effectivement la maison avec pour tout bagage ses affaires enveloppées dans un carré de tissu. Quant à sa fille, il fut entendu qu'elle resterait là.

Quatre ou cinq jours plus tard, Ayuta reçut une carte postale de Kumasan annonçant qu'il faisait du transport de bois dans un village de la vallée d'Ina : « Saluez la patronne de ma part, écrivait-il d'une main malhabile. Je vais travailler ici pendant six mois. »

Mme Kuma.i, qui restait donc seule, dit à Ayuta, qui était venu lui parler de cette carte :

« C'est incroyable ce que ça marche bien, les affaires, depuis qu'il est parti ! » En effet, le café ne semblait pas désemplir depuis le départ de Kumasan.

« C'est quand même un brave type, non ?

— Oui, je sais que c'est un brave type, mais il n'a aucune éducation, et quel mauvais goût !

— Faut pas être si difficile ! »

Ignorant la remarque d'Ayuta, la femme poursuivit avec une certaine pondération :

« Juste après la guerre, c'était le genre de type qu'on pouvait s'attendre à trouver ! »

En décembre, il y eut également du nouveau dans la vie d'Ayuta.

Ce jour-là, le premier typhon portant un nom de femme arriva au-dessus du Japon – et cette appellation sonnait curieusement aux oreilles des gens qui n'y étaient pas habitués. Cette nuit-là, lorsqu'Ayuta arriva chez lui, dans sa maison de banlieue, il trouva Oshige qui l'attendait dans sa chambre qu'elle avait éclairée seulement d'une bougie.

« Comment as-tu fait pour entrer ?

— J'ai forcé la fenêtre. »

Elle s'exprimait d'une manière un peu plus correcte que d'habitude.

« Qu'est-ce qu'il y a ?

— Rien de spécial. J'me sens triste. »

Elle était assise de côté, et sa silhouette frileuse à peine éclairée par la lumière insuffisante de la bougie avait vraiment quelque chose de mélancolique.

Ayuta fut d'abord déconcerté par l'attitude d'Oshige, mais il se décida quand il s'aperçut qu'elle l'observait par en dessous. Il se sentait incapable de résister à la séduction de cet être fruste et plein de vie.

La maison fut battue par le vent et la pluie toute la nuit. Quand le bruit du vent soufflant sur les volets parut enfin s'apaiser un peu, les rayons de l'aube s'infiltraient déjà dans les fentes de la porte.

Oshige dormait, la main gauche légèrement posée sur le bras droit. Ayuta s'éveilla deux fois, et la deuxième fois, elle dormait encore dans la même position. Il se rendormit une fois de plus, et quand il s'éveilla à nouveau, il écarta doucement la main gauche de la jeune fille. Sur son bras droit étaient tatoués de petits pétales de fleurs de cerisier.

Ayuta se rendormit encore. Lorsqu'il s'éveilla pour de bon, il faisait grand jour et Oshige n'était plus là. La jeune fille endormie, le tatouage de pétales de fleurs de cerisiers caché par sa main gauche, sa chair dure et ferme, froide au toucher comme la peau d'un poisson… Ayuta avait le sentiment d'avoir vécu tout cela en songe, dans un rêve à peine concevable. Mais surtout, il avait été très surpris de la trouver vierge.

Deux jours plus tard, Ayuta jetait un coup d'œil sur la première édition du matin qu'il avait trouvée sur son bureau. On y publiait la photo du beau jeune homme qu'il avait rencontré quelques jours plus tôt dans un bar de Sannomiya. Un groupe important de Coréens s'était scindé en deux, et les deux partis avaient échangé des coups de feu au mont Rokkô : le seul Japonais à s'être mêlé à cette bagarre semblait être Tahara. En fait, ce n'était pas son arrestation que le journal annonçait, mais sa fuite, et le journal avait ajouté, près de sa photo, une reproduction de celle de sa maîtresse qui l'avait suivi dans son évasion.

Quand Ayuta rentra chez lui ce soir-là, il y trouva Oshige qui l'attendait. Quand il fit une allusion à ce qu'il avait lu dans le journal, elle se contenta de remarquer assez calmement, sans laisser voir ce qu'elle ressentait :

« Ils reviendront sûrement pas de sitôt. On dit qu'ils sont passés en Corée ou ailleurs. » Puis, changeant brusquement de sujet, elle lança :

« Ce n'est pas bien ce qu'on fait là, vis-à-vis de votre femme ! » tout en observant le contenu de la pièce où se trouvait le bureau d'Ayuta, le cou un peu rentré dans les épaules.

Chaque soir, en rentrant chez lui, au moment d'ouvrir la porte, Ayuta se demandait si Oshige serait là. Mais, le plus souvent, cet espoir était déçu.

Oshige se montrait deux ou trois fois par mois, comme si elle se souvenait brusquement de son existence. Et elle dormait toujours en cachant de sa main gauche son tatouage de pétales de cerisier. Parfois, lors d'un retour sur lui-même, Ayuta se rendait compte qu'il lui devenait de plus en plus difficile de se séparer de cette jeune femme, avec un sentiment de désespoir comparable à celui qu'on éprouve dans la contemplation d'un gouffre sans fond. Entre le premier hiver de paix et l'été suivant, il était allé deux fois voir sa famille réfugiée à la campagne, mais il avait trouvé à chaque fois de bons prétextes pour retarder le retour des siens.

Le mois de mai venait à peine de commencer lorsque la patronne du Ginga se présenta un jour à la réception du journal d'Ayuta. Quand Ayuta descendit lui parler, il la trouva bouleversée.

« Il est revenu », lança-t-elle d'emblée, le souffle court. Kumasan était revenu la veille au soir.

« Comme ça faisait pas encore six mois, je l'ai pas laissé entrer. Alors cet obstiné a dormi toute la nuit devant la porte.

— Vous ne croyez pas que ça suffit maintenant, même si ça ne fait pas encore six mois ? Vous pourriez vous réconcilier, non ? » répondit Ayuta un peu vivement, car il était indigné par l'entêtement de cette femme. Mais celle-ci fondit subitement en larmes :

« C'est quelqu'un de très bien, ce type. Il est même beaucoup mieux que moi. Mais ses favoris, je n'peux pas les supporter, et quand je les vois, ça me fait détester même ses bons côtés !

— Il a encore ses favoris ?

— Oui !

— Bon, je vais m'en occuper !

— Mais ça n'y changera rien, parce que quand il les aura coupés, ce n'sera plus lui, ça sera bizarre ! »

Dans le salon réservé aux visiteurs, Ayuta, après une longue conversation avec Mme Kuma.i, finit par comprendre que son mari lui déplaisait de plus en plus.

Lorsqu'ils s'étaient installés ensemble à la fin de la guerre, elle avait apprécié Kumasan, mais au fur et à mesure que la vie avait repris un cours plus normal, c'étaient ses qualités mêmes qu'elle s'était prise à détester. Et on était bien obligé d'admettre qu'il y avait une certaine vérité dans ce qu'elle disait, car les qualités de cet homme avaient réellement un côté irritant.

Le soir même, Ayuta, Kumasan et sa femme se trouvèrent réunis au Ginga. Ils buvaient du saké mais ne parlaient guère. Kumasan, les yeux brillants entre ses favoris, déclara fièrement à Ayuta :

« J'ai été sage pendant six mois !

— Mais ça ne fait pas six mois ! » riposta aussitôt sa femme. Ayuta, qui ne prenait parti ni pour l'un ni pour l'autre, essayait surtout de calmer Kumasan, car on ne pouvait le laisser tout casser encore une fois. Et c'était ce qu'il menaçait de faire, se levant pour effleurer de son poing fermé les planches des cloisons, ou faisant le tour de la pièce en jetant des coups d'œil furieux. Sa femme, elle, garda un air froid et calme tout au long de la soirée.

Pendant trois jours, Ayuta fut entraîné malgré lui au Ginga et tiraillé entre la patronne qui voulait la séparation et Kumasan qui s'y refusait.

Le troisième jour enfin, on arriva à régler la situation : la maison serait vendue, l'argent partagé, et chacun reprendrait son enfant.

« Comme ça, pas de regrets, on revient à la situation d'avant, on se sent léger. Moi, je retourne à Ina. »

Kumasan acceptait cet arrangement bien plus facilement qu'on ne s'y serait attendu. La patronne, elle, paraissait éprouver quelque regret à l'idée d'abandonner une affaire si bien menée jusque-là, mais elle donna tout de même son accord.

« Bon, on repartira à zéro ! Faudra m'aider, hein ! » Elle avait l'intention d'ouvrir un autre café ailleurs.

Elle laissait partir Kumasan sans regret, mais elle devait porter une certaine affection à la fille de celui-ci, car elle éclata en sanglots quand il fut décidé que Kumasan la reprendrait.

Finalement, Kumasan, le premier *asunaro* de l'après-guerre, voyait s'écrouler en moins d'un an son beau rêve de famille heureuse. Ayuta était triste de voir qu'un homme et une femme tous deux estimables n'avaient pas réussi à trouver le bonheur ensemble.

Le jour où il accompagna Kumasan, avec la patronne, à la gare d'Ôsaka, Ayuta aperçut Tahara dans l'escalier menant sur le quai. Il ne l'avait vu qu'une fois auparavant, mais ce grand jeune homme au costume voyant et à la démarche légèrement affaissée ne pouvait être que Tahara. Il descendait rapidement l'escalier menant vers la sortie, entouré de quatre ou cinq jeunes gens vêtus beaucoup plus pauvrement que lui.

Pendant ce temps, les favoris de Kumasan se penchaient par la fenêtre pour prendre un à un les carrés de tissu enveloppant ses affaires que sa femme lui tendait et les ranger dans le wagon.

Ils offraient ce faisant toutes les apparences d'un ménage uni. Lorsque le train s'ébranla, Kumasan et sa fille agitèrent longtemps la main. Quand le train eut enfin disparu, Mme Kumai resta longtemps sans bouger, et dit seulement :

« Le voilà parti, finalement ! »

Deux ou trois jours après le départ de Kumasan, Ayuta était encore au journal, dans la soirée, lorsqu'il fut prévenu qu'il avait une visite. Il trouva Oshige qui l'attendait en bas.

Elle paraissait tendue, embarrassée peut-être par l'atmosphère guindée de la réception.

Ayuta l'entraîna aussitôt au-dehors. Dans la rue, le vent soulevait des nuages de poussière sableuse. C'était déjà une véritable soirée d'été.

« Je vais me marier, dit brusquement Oshige.

— Avec qui ?

— Un marchand de riz qui habite un patelin du département d'Akita. »

Oshige se mit à rire doucement.

« Mais pourquoi ?

— Je me sens coupable, pour votre femme.

— Le coupable, c'est moi, non ?

— Evidemment, M. Kaji, vous avez votre responsabilité, mais moi aussi je fais quelque chose de mal.

— C'est décidé ?

— Oui. Un peu vite, sans doute. Mais avec les copines qui profitent de mes absences pour emporter mes affaires, j'en ai eu marre de Sannomiya tout à coup. » Elle semblait exaspérée.

Les rencontres entre Oshige et Ayuta n'avaient jamais été très fréquentes, et pourtant, le jeune homme mesura le vide d'une vie qu'il faudrait passer sans elle.

« On va dîner quelque part ?

— Non, vaut mieux qu'on se quitte comme ça.

— Tu vas vraiment trop vite pour moi ! »

Ayuta ne pouvait se résoudre à la laisser partir ainsi, mais le profil d'Oshige qui marchait les yeux droit devant elle annonçait qu'elle ne l'écouterait pas s'il essayait de la retenir.

« J'ai vu Tahara, lui dit-il.

— Oui, il est à Sannomiya », répondit-elle seulement, sans changer d'expression. Ce fut tout ce qui fut dit au sujet de Tahara, et pourtant, Ayuta ne pouvait s'empêcher de penser que le jeune dévoyé avait dû jouer un certain rôle dans la décision qu'Oshige avait prise de se marier.

Ils passèrent devant le Ginga. Le café était déjà en d'autres mains, et une jeune fille aux cheveux ébouriffés se tenait devant l'entrée. Les nouveaux propriétaires semblaient également décidés à en faire un café, mais celui-ci n'était pas encore ouvert.

« Et M. Inuzuka, qu'est-ce qu'il fait ? » demanda Oshige.

Ayuta ne l'avait pas revu. L'année précédente, il lui avait envoyé les photos de tatouages qui avaient été prises, mais il n'en avait reçu aucun remerciement. Et puis, il y avait un mois environ, il avait reçu une carte postale lui demandant impérativement de lui chercher d'urgence un dessinateur habile et pas cher. Absorbé par son travail, Ayuta n'avait pas donné suite.

« Il doit bien faire quelque chose », répondit Ayuta. Il pensait que cet homme devait être le seul à continuer à se plonger dans des recherches qui n'intéressaient que lui. Cet homme était peut-être le seul *asunaro* authentique.

Et pourtant, si l'on y regardait de plus près, les *asunaro* abondaient autour des deux jeunes gens qui cheminaient de concert dans les rues de la ville. Les baraques où l'on offrait les nourritures les plus diverses et des flacons de cosmétiques indéfinissables se bousculaient autant que le permettait le peu d'espace entre les ruines anciennes. Les Coréens et les Japonais mêlaient leurs voix pour appeler à grands cris le client. Pour un papier-monnaie qui perdait chaque jour de sa valeur, on se livrait à une compétition sans merci. Chaque jour, pour se faire une place au soleil, ils suaient tous sang et eau.

En dix mois à peine, le monde s'était entièrement transformé.

« Séparons-nous ici », dit Oshige, les cheveux au vent, au carrefour du quartier du marché noir.

Ils étaient exactement au centre de la « colonie du monde céleste » d'où ils avaient ensemble admiré la lune à l'automne l'année précédente, Kumasan et sa femme, Oshige et ses trois amies, ainsi qu'Inuzuka et lui-même, Ayuta.

Achevé d'imprimer
sur les presses
de l'imprimerie Robert
200, avenue de Coulins
13420 Gémenos

Dépôt légal : avril 1999